超高齢社会の乗り越え方

日本の介護福祉は成功か失敗か

安立清史

Adachi Kiyoshi

弦書房

装丁＝毛利一枝

目次

序　「銀河鉄道の夜」と私たち――超高齢社会の行方

超高齢社会を走る「銀河鉄道」

「銀河鉄道の夜」は宮沢賢治の童話の中でもっとも有名で意味深い作品です（注1）。いまだに私たちに深いインスピレーションを与え続けています。近年では宮崎駿監督の映画「千と千尋の神隠し」（二〇〇一年）が「銀河鉄道の夜」を強く意識して作られていました。主人公の少女・千尋が湯屋のブラックな世界を脱出して、ハクを救うために銭婆に会いにいく「水中鉄道」のシーンがそれです。ここは宮崎監督が「銀河鉄道の夜」を強く意識していたに違いありません。そして考えぬいた上で「銀河鉄道」とは逆方向に走る列車、宇宙へ向かうのではなく、水の中の沼の底へ向かっていく列車として描かれていました。いろいろなことを考えさせる、とても印象的なシーンでした。

注1　「銀河鉄道の夜」の初稿は一九二四年（大正一三）ころに執筆が開始されたと推測されています。第一―三次稿（初期形）と第四次稿（最終形）と晩年の一九三一年頃まで推敲がくりかえされ、最終的には未完成のまま残されました。「銀河鉄道の夜」が書かれてから、もうすぐ百年がたつことになります。

私には「銀河鉄道」や「水中鉄道」が、超高齢社会を走る私たちの姿に重なって見えるのです。どういうことでしょうか。

「銀河鉄道の夜」は、ジョバンニとカムパネルラという二人の少年が宇宙の果てまで「ほんとうの幸い」を探しにいく物語です。深い孤独と寂寥感にあふれた情景の中で、ふたりは「ぼくたち、どこまでもいっしょにいこうねぇ」と心を寄せ合うのですが、そう誓い合った直後に、カムパネルラは消えてしまいます。そう「銀河鉄道」は死者たちを乗せて黄泉の国へと向かう列車だったのです。ジョバンニは生と死の境界を旅して再び地上に戻ってくるのですが、そこであらためて友の死を知ることになります…。

百年後の私たちがこれを読む時、「銀河鉄道」から何を思うでしょうか。私にはこの童話が、少子化し人口減少する超高齢社会の中で彷徨っている私たちの姿に重なるのです。孤独で寂しい私たちの姿を描いているように思われるのです。主人公のジョバンニは、学校の中でとても孤独です。教室でいじめにあっています。親しい友はいません。唯一、心を寄せるカムパネルラも、現実の世界では「親友」と言えるか微妙です。いじめっ子ザネリの仲間の一員として描かれているからです。父は不在で、母も病に伏せっています。家は貧しく、学校帰りにアルバイトしなくてはなりません。ジョバンニはほんのすこしの先も見えないほど深い闇と孤独の中にいます。先行きの見えない超高齢社会の中に生きることは、このジョバンニの孤独な姿に似ていませんか。この本を書きながら、そう思われてなりませんでした。

超高齢社会――成功か失敗か

現代日本の超高齢社会をめぐる言説は、ほとんどすべてが人口データの話から始まります。しかも悲観的なトーンで。たしかに人口構造をみると、日本の将来は暗い。少子化や超高齢化や人口減少は運命の定めのように見えます。

この状況の中で、私たちはどうすべきか。財政を切り詰め、無駄をそぎ落とし、自助努力して下さい……まるで脅迫のような論調になっていくのです。日本は老いて終末に向かっている……たしかにそう見えるのかもしれません。でも人が老いていく――そんなことは人類、いや生命がはじまって以来ずっとそうでした。今にはじまったことではありません。ここ数十年で、なぜ超高齢化が日本社会の危機だと言われるようになったのでしょうか（注2）。ことさら高齢化や高齢者ばかりが争点化されるのでしょう。この「高齢社会恐怖症（Aging Phobia）」は少し常軌を逸していると思うのです（注3）。

注2　世界保健機関（WHO）などの定義では、高齢化率が七パーセントを超えると「高齢化社会」、一四パーセントを超えると「高齢社会」、二一パーセント超は「超高齢社会」とされています。日本は一九七〇年に高齢化社会、九四年に高齢社会、現在はすべての都道府県で超高齢社会となりました。一九八〇年代からは福祉の対象ではない、ひとり暮らし高齢者などの生活支援が必要だとして住民参加型在宅福祉サービス活動が全国的に広がりました。それをうけて「ゴールドプラン」や「新ゴールドプラン」のちには公的介護保険制度が作られていくことになります。

注3　高齢化や超高齢社会を社会問題だとみる視点は、もともとは政治・行政とりわけ財政からの視点でした。いわば政府による「上から目線」の見方なのです。それをいつのまにか私たち一般市民が納得させられて内面化してしまいました。まるで、私たちに罪があるかのように。これは考えてみると不思議なことです。

少子化や高齢化が、ここまで問題にされるのは、日本社会のあり方そのものにも問題がありそうです。私はこう思うのです。これが社会の重大な危機だと感じられるのは、この「社会」が行方を見失っているからではないか、と。そうなると悪循環が始まるのです。誰もが自分だけは助かりたいと慌てるのです。そして「社会」はますます分断され連帯を失っていくのです。バブルの後、一九九〇年代のバブルの後で「リストラ」として始まった中高齢者の排除は、今や全社会的な傾向になりました。個人も会社も、国や地方も自衛に走っています。こうなると「社会」は信頼できなくなります。未来が見えないどころか、この「社会」がいつまで続くのか、そう遠くない将来に「消滅」するのではないかと不安いっぱいなのです。

私の生まれ故郷は北関東・群馬県のはずれにある町です。かつて賑わっていた時代もありましたが、現在ではさびれています。ふたつ先で行き止まりになってしまったローカル線の駅を降りると駅前商店街は壊滅状態です。ほとんどすべて店が閉まっています。静まりかえった駅前通りを実家まで歩いていくのですが、もうそこは暮らそうにも暮らせない世界に変貌しています。父は亡くなり母は認知症で介護付きの施設に入所していますから、住む人を失った私の実家も空き家となって朽ち果てつつあります。最近、お寺の墓地の管理組合も、担い手の後継者が見つからず解散しました。私の生まれ育ってきた生活世界が「限界」を超えて一挙に「消滅」へ向かっている……母の見舞いに帰るたびにそう感じてしまいます。

ヨーロッパでも「地方消滅」？

イタリアのトスカナ地方を旅したことがあります。世界的に有名なワイン産地ですが、行ってみると建物はみな古く、住んでいる人は少ない。しかもみな高齢化しています。日本でいう中山間地の限界集落のような超高齢地帯なのです。その山の上の農家民宿に数日間滞在したのですが、まわりにはお店も何にもない、ほんとにない。ただひたすら丘陵にブドウとオリーブの畑がつづくばかりです。しかも斜面地なので険しい急な坂道ばかり。登ったり降りたりするのは大変です。宿泊した農家は数百年つづくワイン醸造農家でした。建物は頑丈で立派なものですが、この不便な厳しさに何世代にもわたって耐えてきたのかと思うと、この人たちの人生を思わずにはいられませんでした。今でこそクルマがあるので、そう極端に不便でないのかもしれませんが。同じことはフランスの農業地帯ボルドーのサンテミリオンという村を訪問したときにも感じました。この人たちも、数百年もの間、日本でいう「限界集落」に暮らしてきたのです。この人たちも超高齢社会や地方消滅の不安に怯え続けてきたのでしょうか。そんなことはないと思います。何かが決定的に違うのです。それは何でしょうか。それこそ超高齢社会論の本当の課題だと思います。

超高齢社会の悲観論とエイジズム（年齢差別）

もうひとつ問題提起しておきたいと思います。超高齢社会や高齢化率という言い方は、「高齢者」

をひとりの人間として見ていません。それは得体の知れない黒々とした集合体のようです。もっと言えば「超高齢社会」という言葉は社会に「年齢差別」という毒を浸透させています（注4）。すでに社会の大半は「エイジズム（Ageism）」という差別感覚に知らぬ間に「感染」していると言っても過言ではありません。みなさん、それと気づいていませんが、本当はひどい人権侵害状態なのです。

私は米国に留学していたときにＡＡＲＰ（注5）という「高齢者による高齢者のための高齢者ＮＰＯ団体」のことを研究していました。この団体は定年退職したとたん直面する「高齢者差別」の現実に対抗するために、ひとりの女性の退職教員によって始まりました。まさに年齢差別と戦う社会運動と言えるＮＰＯでした。詳しくは私の別著などで読んでいただくとして（注6）、今思うのは、ここ十数年の日本は、あまりにひどい「年齢差別」状況だということです。「定年」とはソフトな言い方ですが、米国なら「年齢を理由とした雇用差別」として、とっくに「人権侵害」で「憲法違反」の判決が出ていると思います。外国の視点から見れば、日本は人口高齢化を言い訳にした高齢者差別社会です。ひとり一人の高齢者のことは見ない、考えないことにして、排除しようとしている社会ではないでしょうか。

研究の経緯――高齢社会における市民福祉の可能性

「千と千尋の神隠し」の世界のように子ども（注7）と高齢者とには、共通点が多々あります。ひとつには「社会」の中で暮らしているけれど「社会」を中心となって担う存在ではないこと。二つめには「社会」の政策動向によって大きく人生を左右されてしまうことです（年金や医療、介護や福祉、保育や子育て支援、教育政策など）。三つめには市場経済の外側――「非営利」の世界に生きていること（高齢者には例外が少なくないかもしれませんが）です。本書ではこうした観点から新しい問題提起をしたいと考えています。

私の研究者としての出発点は一九八〇年代から始まった「住民参加型在宅福祉サービス活動」の全国調査からでした。当時は、地域の中にいるひとり暮らし高齢者は、公的な福祉の対象ではありませんでした。しかし、このままでは、ひとり暮らしは続けられないかもしれない――そうした不安をもつ人たちへ、ボランティアによるちょっとした支援があれば、もっと在宅で住み続けられるのではないか。そういう中で自然発生的に始まったのがボランティアによるホームヘルプ活動です。全国各地に、小さいけれど、ホタルの光のようにキラリと光る団体がたくさん生まれてきていました。どんな人たちがどんな思いでこういう活動を始めたのだろう。そこにはどんな問題や課題があるのだろう。そこで研究を始めたのです。その後、一九九四年から米国に留学してロサンゼル

注4　例えば「高齢化社会」や「高齢社会」はあっても「高齢者社会」はありません。高齢者はあくまでも客体、しかも被差別対象です。
注5　かつては「American Association of Retired Persons（全米退職者協会）」が正式名称でした。しかし、この団体等の活動で、米国では「定年退職」が憲法違反となってなくなったので、名称もＡＡＲＰに変更して現在にいたっています。
注6　『高齢者ＮＰＯが社会を変える』（二〇〇一）や『福祉ＮＰＯの社会学』（二〇〇八）などでＡＡＲＰのことを何度も論じてきました。また本書の終章でも論じます。
注7　「千と千尋の神隠し」で千尋は一〇歳という設定です。

スに住んでいた時には、地域のシニア・ボランティアの活動や病院ボランティア、そしてAARPのような高齢者を支援するNPOのことを調査しました。その最中に阪神・淡路大震災の第一報を聞いたのです。帰国後、神戸を訪れるとボランティア活動からNPOへの大きなうねりが生まれていました。こうしてボランティア活動や非営利組織の日米比較を始めたのです。政府でも市場（営利）でもない「非営利」というポジションが米国ではすでに巨大なセクターになっていました。民間の非営利団体や非営利セクターが社会を変えたり動かしたりしていました。日本にもこうした仕組みが必要だし、遠からずやってくるはずだと思いました。その予測どおり一九九八年に特定非営利活動促進法（NPO法）の成立、二〇〇〇年から公的介護保険が始まり、住民参加型のボランティア活動から発展した介護系NPOが全国各地で様々に活動しはじめました。公的福祉（いわゆる措置福祉）が市民の参加によって「市民福祉」になっていくのではないかと思われた瞬間でした。当時言われた（そして今日ではほとんど言われなくなった）「介護の社会化」は二十一世紀の超高齢社会のキーワードだと思われました。

でもこの予想は楽観的すぎたようです。その後、改正のたびに様々な規制が加わり、制度としての介護保険は「市民福祉」という言葉とは逆方向へと動いていきました。公的な制度で足りない部分をボランティアやNPOが担うという未来像は、このままでは蜃気楼のように消えていきそうです。高齢社会をもっと良くしていけるはずだったのに、その可能性があったのに、どうして「成功なのに失敗」と反転してしまったのか。その解明を行いたいと念じてきました。

介護福祉の世界で、なぜボランティア活動や介護系NPOは、その存在が小さくなってしまったのでしょう。はたして日本の介護福祉は失敗だったのでしょうか。そんなことはないと思います。あまりに急激に成功しすぎたために、財政および制度の安定や持続性の観点からの危惧が高まったのです。つまり成功しすぎて失敗のように見えてしまった。本格的な超高齢社会に向けた制度が確立するまえに、みんなが費用負担の増大におびえて後ずさりしはじめたのです。恐怖感は幽霊がちらりと見えた時にいちばん高まります。日本の超高齢社会もそういう段階ではないでしょうか。

でも、せっかく三〇年以上にわたって日本の地域福祉や介護を準備し下支えしてきた民間の非営利組織やボランティア活動を、このまま政府の管理する「疑似市場」の中に縮小させてしまったら、問題はかえって悪化してしまうのではないでしょうか。

おまけに、全社会的に高齢社会恐怖症が広がり、それが「年齢差別（エイジズム）」を拡大・悪化させています。このままでは超高齢社会に未来を見いだすことはますます困難になる、そう思います。

そこでもういちど介護福祉や非営利組織を考え、超高齢社会における別の道を考えてみたいと思うのです。今こそ「非営利」の理論やＮＰＯ活動を考え直すべき時期だと思うのです。

本書の構成と流れ

以下、本書の流れを、かんたんにご紹介します。

第Ⅰ部は、超高齢社会の謎と課題を考えています。介護保険は成功だったのでしょうか失敗だったでしょうか。制度の発足から二〇年たって、財源面と人材面から制度の持続可能性が危ぶまれています。でも、なぜ、こうなってしまったのか。「成功なのに失敗」――ここには考えるべき謎がいっぱいつまっています。その奥底を探求すると高齢化にたいする日本人の悲観論があるように思うのです。これは避けがたい宿命のようなものなのか。そうではないと思います。

つづく「介護を超える〈介護〉はどこにあるか」は、福岡にあるユニークな介護施設「よりあいの森」の代表・村瀬孝生さんの発言や活動に触発されて書いたものです。介護とは、ひとり一人の高齢者への個別のケアであるはずです。ところが介護保険という制度になると、眼の前の高齢者を見るのではなく、制度に従っているかが重要になってくるのではないか、という問題提起です。制度ではなく、ひとりひとりの高齢者の生き方によりそうこと――村瀬さんの発言は、卓抜な高齢社会論ではないでしょうか。

「グローバル資本主義の中の非営利」は、本書のもうひとつの主題――超高齢社会と非営利、というテーマへのアプローチです。非営利とは反営利ではなくて、むしろグローバル資本主義の中で、意外な可能性を発揮していくものではないかと思うのです。その具体的な実例は本書の最後の「超高齢社会の乗り越え方」で示すことになります。

第Ⅱ部の「災害と福祉そして非営利の復元力」は災害時に顕れる福祉と非営利の力（レジリエンス）を論じたものです。「日本の非営利、アメリカの非営利」は、アメリカでは大きなセクターをなすNPOが、日本にくると、なぜ小さくなってしまうのか。「非営利」という概念が「無償性」という意味へと縮小されてしまうのはなぜか。「新しい公共」のように政府と非営利組織との「協働」が言われると、行政府の下請けのようになっていってしまうのはなぜなのか。こうした問題を考察しています。「災害時における社会福祉法人やＮＰＯの役割は何か」は、東北大震災からの復興過程の研究から得た知見や、熊本地震での調査結果から、災害と福祉と非営利組織（社会福祉法人やＮＰＯ）の力を論じたものです。災害時に顕れる力こそ、超高齢社会にも新しい光を与えてくれるものではないでしょうか。

第Ⅲ部は「超高齢社会の乗り越え方」を考えます。「日本の社会保障を不安定にしているもの」、「介護保険と非営利はどこへ向かうか」は、社会保障のブレークスルーのために何が必要なのか、介護保険をもっと利用者中心の制度にするために何が必要かを考えています。じつは意外なところに、そのヒントは隠れているのです。そして「超高齢社会の乗り越え方」では、現在の日本で見えない年齢差別が蔓延していることを指摘します。これは見えにくいけれど大きな問題です。これをどう克服できるか。超高齢社会というペシミズムは、乗り越え可能なのです。

結びの「『千と千尋の神隠し』はどんな解を見つけたか」では、超高齢社会を生きていくためには大胆な発想の転換が必要なことを論じます。「超高齢社会」を問題だと考えると、そこに正解はありません。正解を求めることが年齢差別など、問題を更に生みだします。むしろ唯一の正解ではなく、「様々な解」を探すべきではないでしょうか。「千と千尋の神隠し」のラストシーンが私たちに伝えてくれる「正解のない世界を生きる」というメッセーはまさにそれです。

それでは「超高齢社会の乗り越え方」を求める旅をはじめます。行き着く先は、成功と失敗という二元論の世界を超えたところにあるはずです。

Ⅰ　日本の介護福祉は成功か失敗か

介護保険のパラドクス——成功なのに失敗?

私たちは今、「超高齢社会」という「共同幻想」の中にいる(注1)。いや、それは国勢調査にもとづく事実ではないか、客観的現実そのものではないか、と言われるかもしれない。でもそうではない。多様な人口構成の中の六十五歳以上(あるいは七十五歳以上)という抽象化され恣意的に区切られた特定の年齢区分の「人数」や「比率」にのみに注目すること、その比率が増大することを焦点化して、そこから「問題」を引き出すことなどは、それが「共同幻想」の作用だということを証している。超高齢社会は悲観的な未来だという受け止め方は一種の「共同幻想」なのだ。それがどのような「問題」を引き起こすか。その実例を「介護保険」に見ることができる。介護保険は失敗なのか?そんなことはない、大成功だったのではないか。なぜ、それが失敗と見なされてしまうのか。そう見えさせてしまうものは何なのか。その背景には、論ずべき大きな問題がたくさんあるように思う。

注1 もちろんこの見方は、吉本隆明の『共同幻想論』(一九六八)に由来している。

介護保険の不思議——成功なのに失敗？　成功だから失敗？

介護保険は二〇〇〇年の発足からわずか二〇年足らずで、全国に普及、利用者は三倍以上に急増し、「介護」（という名の日本的な高齢者ケア）を世界に知らしめた。今や介護保険は高齢社会日本にとって欠かせない重要な社会的インフラとなっている。世界からも注目され、とくに東アジアでは韓国や台湾が日本の介護保険を参考にしながら対応しようとしている（注2）。介護保険は高齢化という先進国共通の大きな問題へのクリーン・ヒットだったのだ。

ところが、このままでは介護保険財政は破綻するとして見直しを求める意見がたえない。「介護保険制度の見直しに関する意見」（社会保障審議会介護保険部会）等を見ても、介護費用が増大し、これから団塊の世代が後期高齢者になることなどを理由とし、見直しは避けられないとしている（注3）。

しかし介護保険は「高齢社会における介護の社会化」が目標だった。つまり、利用の拡大は成功のはずなのだ。ところが、どうしたことだろう。事業者は介護保険改正のたびに介護報酬の切り下げに振り回され、事務処理は煩雑になるばかりで制度は複雑怪奇となり、今や人間が理解できる範囲をこえたと言われるほどだ。思いっきりアクセルを踏んだあと急にブレーキをかけているようなもので、制度に期待をかけて走ってきた事業者、とりわけNPOなど非営利法人の人たちほど、大きく躓いている。あの理念と市民参加の期待は何だったのか、との思いが強いからだ。

そもそも介護事業は高齢社会の数少ない有望な成長産業でもあるはずだった。なのに、そのような見方は早々とどこかに消えてしまった。当初はもてはやされていた介護職も、いつのまにか不人気業種になってしまった。介護報酬の総額が幾重にも管理されているため、介護現場では、介護職の給与水準を抑えるくらいしか「経営」しようがなかったせいだろうか。特別養護老人ホームなどでは措置時代とくらべて介護職の給与水準は下がったという。その結果、制度改正のたびに介護職の離職率の高さが注目をあつめ、マスコミからは「3K」労働の典型のように言われてしまった。今では、どこの事業所でも介護人材の確保に四苦八苦している。このように「制度を持続させる」ための対策が、かえって制度を不安定にしている。

介護保険は、なぜ「成功したのに失敗」ということになるのか。このような逆説（パラドクス）が起こってしまう理由は何か。ここを考えてみたい。

なぜこのままでは存続できないのか──高齢化による必然？

介護保険は、このままでは持続できないという。二〇一六年一二月に社会保障審議会介護保険部会から出された「介護保険制度の見直しに関する意見」を見ても、介護費用の総額も当初の約三倍

注2　かならずしも日本の制度を真似ているわけではない。むしろ反面教師としている部分も大きいようだ。

注3　じっさいに様々な見直しが始まっている。たとえば二〇一五年の介護保険改正により、高齢者が要介護状態にならないように総合的に支援する「介護予防・日常生活支援総合事業（以下、総合事業）」が創設され、二〇一七年四月からは、全国のすべての市町村においてさまざまなサービスが開始されている。これは要介護一、二の高齢者に対する訪問介護と通所介護を市区町村の総合事業へ移すものだ。

の約一〇兆円になり、しかもこれから団塊の世代が後期高齢者になるなど、悲観的な人口構造になる見通しなので、見直しは避けられないとしている。説明は、次のようなものだ(注4)。

第一に人口構造の急速な高齢化と今後の介護ニーズの爆発的増大予測(団塊の世代の後期高齢化や団塊ジュニアの高齢化が迫っている)、第二にサービス利用者の増大と介護保険財政の逼迫(利用者も介護保険費用も当初の約三倍、五〇〇〇万人で総額一〇兆円となり、保険料も上がり続けて現在は平均五千円を超えている)、第三に介護人材の不足(介護職は当初の五五万人が現在約一七七万人と三倍増になっているが、離職・転職率も高く、今後の需要増への対応が困難と予測される)だという。

制度がこのままでは維持できないという議論になる理由は、少子・高齢化と人口減少が避けがたいと前提しているためだ。関心をもって調べたりする人ほど、この「高齢社会悲観論」にやすやすと取り憑かれてしまう。高齢社会は社会保障負担がたいへんだという「固定観念」はかんたんにはぬぐいされない。しかし、ちょっと待ってほしい。人口の趨勢からみた説明は、一見、もっともらしいし分かりやすい。しかし単純化しすぎているのだ。まず第一に、現在の人口動態を、単純に未来に投影するのは誤りだ。人口はきわめて多くの要因が複雑にからまって推移していくものだからだ(注5)。

また第二に、少子化や高齢化が早かったヨーロッパで「人口減少」や「地方消滅」が声高に言われているだろうか。日本の県くらいの人口規模しかない北欧の国々など、日本より社会も経済も元気ではないか。事実の受け止め方はひとつではない、多様なのだ。

つまり、一見したところ事実そのものに見える人口動態のデータこそ、知らないうちに私たちを「上から目線」にして悲観的に考えさせてしまうのだ。地方が消滅していく、日本も人口減少していく、さぁ大変だ、というふうに信じ込ませてしまうのである。このパラドクスの原因のひとつは、生身の人間として見る場合と抽象的な人口として見る場合とで、視点の分離と思考の分裂が起こるからだろう。以下、具体的にいくつかを見ていこう。

社会と保険のダブルバインド

社会制度は様々な条件や目的が複合して出来上がっているものだ。介護保険制度にも「介護の社会化」によって核家族化・小家族化した家族の介護負担を社会連帯によって支え合うという「表」の目的だけでなく、高齢者医療費や社会的入院費用を、医療保険から切り離し、介護という新しい分野へと移して財政費用の総量管理を行っていくという「別」の目的もあったことは事実だろう。介護保険制度の二重の意味（ダブルミーニング）である。当初から「社会」を維持するための制度という側面と、「財政」を維持するための工夫という側面があり、制度発足当初は前者が強調され、制度が根づいて利用が進むと後者が前景へとせりだしてきたと考えられる。

しかしこの転換が急だと、様々な問題を引き起こすことになる。まず表の意味を信じて参入してきたボランティア団体や介護系ＮＰＯの現状をみると、制度改正のたびに、めざしてきたことと、しているることとの乖離と矛盾に直面している。やっていることの無意味感、無力感、そして社会の中で正

注４　厚生労働省・社会保障審議会介護保険部会「介護保険制度の見直しに関する意見」（二〇一六年一二月九日）など。
注５　たとえば合計特殊出生率の予測は過去三〇年間にわたってはずれつづけてきた。

しいことが行われていないという無規範感、つまり社会学でいう「アノミー」の徴候が現れているのだ。社会福祉法人や社会福祉協議会も介護保険のもつ二重基準（ダブルスタンダード）に翻弄されてきたと言えるだろう。社会福祉法人は、措置の時代には公の支配に服して独自の「経営」は許されなかった。介護保険の時代になると一転して事業者として「経営」しろと迫られた。そして現在の社会福祉法人改革の中では再び「社会貢献」しろと言われている。

「経営するな」から「経営しろ」へ、ふたたび「経営」ではなく「社会貢献」しろというのでは混乱するのが当然だ。しかも介護保険では、営利法人と非営利法人とが混在している。それが進むと、経営しろ、社会貢献しろ、ボランティアもしろ、あれもこれもしろ、ということになる。混乱して、いったいどうしたら良いのだと叫びだしたい気持ちになるのではないか。ダブルバインド（二重拘束）状態である。制度というのはそんなものだと「達観」すべきなのだろうか。いや、それこそ問題だ。制度を守るための工夫が、逆に制度への信頼を失わせ、担い手の活力をそぎ、結果的に制度の存立そのものを危うくしていく、そういう悪循環になっていくからだ。

中途半端な覚悟——先行き不安の迷走

「高額化する介護保険料」とよくいわれる。このままでは保険料が上がり続けてたいへんだという。しかし、これも考えてみると不思議である。いったい何が適価なのか、どこから「高額」になるのか。じつは、そこにあるのは相対的な感覚だけなのだ。だからこそ、消費税率と同じく、上がるたびに「高額」と思われるのである。日本の高齢社会化は急激だったので社会の側に覚悟ができていないのだろう。いつまでも負担増が続きそうなことが、この恐怖の本質なのである。この恐怖に対抗できるだけの覚悟はできていない、いわば中途半端な覚悟なのである。

ヨーロッパは早く少子化し早く高齢化したので「高福祉高負担」を早くから覚悟してきた。北欧など対応にも腰が据わっている。税率はすべて高く、たとえば消費税二五パーセントがふつうだ。日本は消費税一〇パーセントですら困難だった（注6）。グローバル化への対応と同じで、後退しながら仕方なしに少しずつ受け入れようとするから、ますます不満と不安が高まる。しかもこの趨勢はいつまで続くか分からない、だからよけいに怖くなるのである。

「非営利」はどこに消えたのか

介護保険は福祉なのか保険なのか。年々あいまいになっている。これも不思議だ。「社会保険」だというにしては「非営利」があまりにも軽んじられている。介護保険では営利と非営利の区別がなく、すべての事業者がほとんど同一に扱われるのも奇妙なことではないか（注7）。

注6　覚悟だけでなく、エスピン＝アンデルセンのいう「福祉国家レジーム」、つまり福祉国家の推進主体や政治体制が重要なのは、もちろんのことである。
注7　社会福祉法人などへの税制優遇などはある。ここからイコールフッティング論のような、「非営利」を営利と同じように扱うべきだという議論が出てくる。

介護保険以前には、住民参加型在宅福祉サービス活動や、町なかの古い民家を活用した宅老所など、多様なボランティアや非営利の活動もあった。こうした制度外の非営利活動と制度とが補完し合えば望ましい相乗効果があるはずだった。ところが、介護保険が発足するとすべてのサービスが制度内へと収斂していった。ボランティア団体等が有償で提供していたサービスよりも自己負担は少なくて済むのだから当然だ。結果的に制度外は縮小してしまった。

「行動経済学」の知見からは、営利と非営利とを混ぜ合わせると、市場規範が社会規範を「閉め出す」ことが分かっている。このことは、介護保険制度の発足前後には一般的には知られていなかったのかもしれない（注8）。当時は、新たな制度が新たな市場や供給者を生み出すためには、多様な事業者が切磋琢磨することが必要で、それが供給者を拡大するとされていた。

しかし、ドイツの介護保険では宗教系の非営利団体が八割以上を担っている。アメリカの非営利セクターも市場や政府から独立した巨大な存在だ。それにたいして、日本の非営利法人は、法人種別ごとに縦割りの法律にしばられており、税制の扱いも薄い。つまり世界標準の非営利組織からはほど遠い。これでは「非営利」とは名ばかりで、内実は政府や行政の規制や管理で活力を奪われた「不自由な存在」そのものではないか。「非営利」が本来持っているはずの可能性を回復させ、新たな活力を生み出せるような社会環境を作り出すことが必要だ。

「上から目線」の制度改正の落とし穴

「介護」という言葉にはもともと「上から目線」のパターナリズム（温情主義）が含まれているとフェミニズムからは批判されてきた。同じく「高齢社会」という言い方にも、「高齢者」への微妙な否定感情（エイジズム）が含まれているのではないか。日本では「定年」は、ごく普通に何の疑念もなく行われている。しかしアメリカでは定年制度は「年齢を理由にした差別」として憲法違反なのだ。人種差別、性差別と同じく「年齢差別」も、個人の努力ではどうしようもない年齢という属性を理由にした社会的な差別とみなされるからだ。アメリカでは高齢者団体を中心とした社会運動によって一九六〇年代から七〇年代にかけて段階的に撤廃された（注9）。日本ではまだそこまでいっていない。上野千鶴子らが高齢者には「当事者主権」の感覚が薄いというゆえんだ。

三年ごとの介護保険改正は、日本全体で財政バランスを見ながら持続可能な運営にしていくという困難な課題のためになされていることは理解できる。しかし介護現場でサービスを提供している人たちやサービスを受ける人たち、当事者の家族などのニーズや目線をじゅうぶんに踏まえているだろうか。制度を運営する側の「上から目線」の論理が強すぎるのではないか（注10）。

注8　マイケル・サンデルらの著作によって行動経済学のこの原理がよく知られるようになったのは二〇〇四年以降のことだ。

注9　安立清史『福祉NPOの社会学』（東京大学出版会）、田中尚輝・安立清史『高齢者NPOが社会を変える』（岩波書店）などを参照。

注10　同じことが「地方消滅」という場合の「地方」という言い方にも見られる。中央から見た地方という視点には微妙な差別感覚が紛れ込んでいる。「消滅可能性都市」という選別の発想も、まるで災害時の「トリアージ」のようだ。

介護保険への「介護」が必要だ

介護保険は、四方八方から批判され、進むべき方向性が見えなくなって、先行き不安におちいっているように思える。身近な制度ゆえ欠点ばかり眼につくようになる。利用すればするほど、あれも足りない、ここもだめ、となりがちだ。批判しているうちに、何が大切だったのか、何を大切にしなければならないかを見失ってはいないか。「あまりに大切なので、かえって大切にできない」という逆説的な状態になっている。このままでは「成功したのに失敗」ということになってしまう。

ひとつには介護保険があまりにすべてを抱え込みすぎているからではないか。制度発足当初は社会的入院や「寝たきり老人ゼロ」が目標だった。やがて認知症ケアへの対応が重要になり、現在では看取りが大きな課題となってきた。また、施設と在宅だけでなく地域まで包括してケアしようとしている。医療や介護の「ビッグデータ」も取り込みながら、地域の様々な社会資源も包括して活用するという。

これはいくらなんでも「抱え込みすぎ」ではないだろうか。かつての家族介護がそうだった。なんでも家族で抱え込みすぎると「バーンアウト（燃え尽き）」がひき起こされる。結果として、介護放棄や虐待などを生み出すという問題が指摘されてきた。だからこそ介護の社会化が必要だったはずなのだ。現在では、介護保険自体が抱え込みすぎてバーンアウトしはじめているのではないか。

大切な制度を守ろうとして、事業者をがんじがらめに規制していくと「制度を存続させることが制度の目的だ」と反転していく。これは不幸な負のスパイラルを生み出す。大熊由紀子の『物語介護保険』を読むと、日本の介護保険は、困難な政治状況の中、まさに絶妙のタイミングで実現されたものだったことがよく分かる。

ここで介護保険を「失敗だった」と総括してしまうと、二度とこのような制度は生まれないだろう。制度があまりにも抱え込みすぎ、窮屈になっていくのは残念なことだ。財政の観点も大切だろうが、制度は人や社会から信頼されなければ成りたたない。曲がり角を迎えた今こそ、介護保険をもう一度元気づけることが必要だ。もっと前進する勇気を持つために、ここは、ひとつ逆転の発想で「介護保険への介護が必要だ」と言うべきではないか。

まずは「高齢社会」悲観論のような一面的な見方を考え直すことが必要だ。福祉を社会保険で支えるというアイデアに立ち返り、「非営利」のあり方も見直すことも必要だろう。

ケアの効果をエビデンスで評価するというが、はたして「正しい」介護はあるだろうか。「正しい」制度があるのだろうか。「正解」ばかりを求めると、ダブルスタンダードやダブルバインドの矛盾から逃れられなくなる。制度はひとつの出発的であって到着点ではない。ひとつの制度がきっかけとなって、新たに生まれた種が飛んでいって、制度の周囲に豊かな多様性が生まれていくことこそ望ましいのではないか。

今、介護保険にとっては、正解ではなく理解が必要な時期ではないか。私たちは「介護保険を介護しよう」と言うべきではないだろうか。

介護を超える〈介護〉はどこにあるか

「介護」とは何か。考え始めると奥が深い。まず、これは「介護保険」という制度が作った言葉であると考えてよい。介護という言葉は、昔からあったが、それに実態を与えたのは介護保険制度だ。ちなみに中国語にはこの言葉はないし、諸外国にもない（注1）。日本の制度が作った言葉だからだ。医療や看護と「介護」を切り分けようというアイデアには、長短両面があるだろう。高齢者のみを分離して、介護保険として処遇する——それが専門特化して、「ガラパゴス的な日本の介護」となった。しかし、この「特化」こそブレークスルーを生み出した。そう考え直してみたい。私たちは、現状よりも、もっと先まで行かなくてはならないからだ。その導き手のひとつ「宅老所よりあい」は、認知症ケアという領域で、独自の実践と方法論を切り開いてきた。たった一人の認知症のお年寄りの為のケアから始まり、お寺の茶室での「寄り合い」そのもののようにお年寄りに来てもらう。お年寄りに寄り沿いながら住み慣れた町でふつうに暮らす……言うはやすく行うは困難な課題に取り組んできた。認知症の人たちには病識がない。そこから様々な「問題」行動が生まれる。介護保険も、当初は、認知症ケアを中心に設計されたわけではなかった。現在では、介護と認知症とが等値されるほど、大きな課題となっている。私たちはこの超高齢社会にどう向き合いきあおうとしているのか。「宅老所よりあい」やその発展系ともいえる「よりあいの森」からのメッセージは重要な問題提起なのだ。

分かるけれど分からない――読めるけれど論じられない

誕生から三〇年近くになる「宅老所よりあい」(注2)や「よりあいの森」などを運営する村瀬孝生は、何冊も著書を持っている(注3)。しかし本格的にそれらが論じられ深められたとは言えない。理由はおそらくかんたんで、それが個別のエピソード記録のように見えてしまうからだ。そして、それらのエピソードから引き出せそうなものをまとめて、何か一般化したり、結論を引き出したり、認

注1　多くの場合、介護が必要な状態とは、医療ケアが必要な状態(Long Term Care)という意味になる。日本ではそれが「社会的入院」など問題を引き起こしたとの反省から、医療や看護と区別した「介護」という概念を創出した。詳しくは大熊由紀子『「寝たきり老人」のいる国いない国』などが詳しい。

注2　「宅老所よりあい」については、すでに多くの紹介文献がある。［井上・賀戸　一九九七］、［浜崎　二〇〇八］、［豊田・黒木　二〇〇九］など。［金子・大澤　二〇〇二］は「宅老所よりあい」を二人の学者が訪問取材しており興味深い内容になっている。その他にも「宅老所」については、たとえば佐賀県の「たすけあい佐賀」を長期間にわたって密着取材した［福岡　二〇一五］がある。

注3　村瀬孝生の著書としては『あきらめる勇気―老いと死に沿う介護』、『おしっこの放物線―老いと折り合う居場所づくり』、『看取りケアの作法―宅老所よりあいの仕事』、『おばあちゃんが呆けた』など多数。

知症ケア論を展開したり、小規模な組織の運営を論じたりするような、そのような見えやすい引き出し方が困難に見えるからだ。村瀬の著書はどれも「宅老所よりあい」における個性あふれる個人に徹底的にこだわっている。そして、ぼけの風景をたんたんと、そして意味深く描いている。それでほぼ完結していているので、そこから先に何かを論じようとすると、村瀬の意図を裏切っていくようで難しいのだ。

だから村瀬孝生の本は手ごわい。すらすら読めて、驚くようなエピソードの数々に笑ってしまうけれど、やがて怖くなり、さらには、さびしさに包まれてくるのだ。そういう深い印象は残すけれども、そこから、もう一段、何かを論じることが難しいのである。多くの人が、この本を読んで、何かを受け取っているはずだ。しかし、それを言語化することが難しい。受け取ったけれど、何を受け取ったかを表現することが困難だ。だからよけいこの問題を論じてみたいと思う。

「介護すること」への問題提起

村瀬孝生の著書『あきらめる勇気――老いと死に沿う介護』という書名は、いきなり現在の介護や医療や看護の世界観への真っ向からの挑戦だ。現在の医療や看護は「病気は治せる、あきらめるな、戦え、それを私たちが支援する」という世界観だ。介護の世界も、この世界観の影響を色濃く受けている。たとえば最近の介護業界の話題は、ＡＩや介護ロボットの導入、科学的なエビデンスにもとづく介護の効果測定や予防、介護の専門性の向上、より高度な国家資格制度やそのための介護段位制度、そして介護人材不足に対応するための外国人技能実習生の導入、など様々だ。でも、これらはすべて、介護保険制度という枠組みの中で「介護」が、しだいに医療や看護の世界観に近づいてきていることを示している。高齢者医療から分離独立させるために「介護」という新領域を創設して、公的介護保険制度を独自の論理と制度で組み立てたのに、そのような二本立ての体制が二〇年もしないうちに持続可能なのかどうか、あやぶまれる事態になっているのだ。持続可能な戦略とは、医療や看護に収斂していくことなのか。

村瀬孝生たちの「宅老所よりあい」は、介護保険創設時には、住み慣れた町で老いても暮らせるためのひとつの事業所モデルにもなっていたはずだ。しかし本書を読めば、介護保険制度が生まれ、大きくなっていく過程で、「宅老所よりあい」の目指していたケアとは別の方向性へと進んでいってしまったという疑問符のようなものが深く堆積していることが分かる。

第一章は、「宅老所よりあい」における四人の死についてのエピソードである。いきなり四人の個性豊かな老人の、死に至るエピソードがユーモアたっぷりに紹介される。看取りのケーススタディでもなく、死に方の一般化でもなく、死に様のモデル化でもなく、病気などの死因の分析でもなく、ただたんたんと、人は死ぬこと、そしてその死に方には、これほどの多様性があること、さらに人の死の中には、この社会のあり方そのものが映し出されていること、家族や個人や社会が、人の死を通して浮かび上がってくること、が示されている。

これはエピソードの形をとった問題提起なのだ。

ここから聞こえてくるものを、間違っていることをおそれず、あえて言語化してみよう。それはこうなるのではないか。人が死んでいく過程に、いったい「介護」や介護保険制度は、どれだけ関われるのだろうか。介護保険とか介護職という資格とか、そういう仕組みだけで、こうした自然の老いや死を支えられるのだろうか。そういう怖れと懐疑のような感覚がベースにあるのではないか。そして、死んでいく人たちに関わるとしたら、それはどうあるべきなのか。人の死へ向かう自然な流れを乱してしまうような医療や看護のような関わり方とは違う、できるだけ流れに沿った関わり方のほうが良いのではないか。それはあえて逆説的に言えば「関わらないという関わり方」なのではないか。介護保険という制度の枠組みにしばられる、制度を媒介にした関わり方ではなく、むしろ、ひとりひとりの人間に寄り添うという本来の形の中でこそ、見つかってくるものではないか。そういう問題意識が、ここから聞こえてくるように思う。

だから徹頭徹尾エピソードなのだ。前置きなしにいきなりエピソード。八重子さんの死、スズ子さんの死、じいさんの死に顔、マサエさんの死、という第一章におかれた四つの死は、私たちの怯える「超高齢社会」の「孤独死」や「無縁社会」の「大量死時代」といった「想像上の死、抽象的な死」とは違っている。それは驚くほど「具体的な人の死」である。「宅老所よりあい」が向き合っているのは、抽象的で一般的な死ではなく、具体的な人の死である。一般的な死には関われないが、具体的な死には深く関わることができるはずだ、という「宅老所よりあい」からのマニフェストなのではないか。では、死に方に関わる、とはどういうことか。

「介護」の原点に立ち戻る――プログラムなし、介護者にならない、「何もしない」

第二章「僕たちが目指すもの」は、「第二宅老所よりあい」がどのように始まり、どう運営されていて、これからどこへ向かうのか、濃縮されてコンパクトにその理念が語られている。しかしこもエピソードに仮託されて理念や方法が語られているので、なかなか読みこなすことの難しい部分だ。

ユキさんの事例から語られるそのケアは「プログラムなし」の毎日だという。新規の職員はいきなり「介護者にならない」ことを求められるという。「何もしない」ようにする、というパラドクスの中に放り込まれるのだ。ここには村瀬の経験にもとづいた「宅老所よりあい」運営のエッセンスがあると同時に、既存の介護施設の運営への深い批判が込められているようだ。どういうことか。

介護保険事業所としてのデイケアなら、当然、様々なプログラムがあって、そのプログラムをこなすことによって利用者から利用料をえる、それが常識というものだろう。当然、職員は、様々な研修や知識を身につけて専門職やスタッフとして配置され、介護者らしい介護者としてプログラムやケアの運営にあたる、それも常識だ。ましてや「何もしない」時間などあってはならない。忙しく効率的に効果的に専門職らしく働くことが介護職のあるべき姿であり、だからこそ給料ももらえる、それが介護保険事業所というものだ。

こういう「正しい」常識にたいして、村瀬は禅問答のような「否定的な問い」を投げかける。プログラムを作らない、介護者にならない、そして「何もしない」。すべて通常の介護の反措定だ。

プログラムなしの毎日で、介護者にならないで、しかも何もしないって何だ。ほとんど「介護」そのものの否定ではないか。介護も介護者も、究極的には「宅老所よりあい」の存在すら否定するかのような問題提起ではないか。

この三つの否定（プログラムの否定、介護者になることの否定、何もしないこと）を了解することが、「宅老所よりあい」や「よりあいの森」のスタッフになる試金石だという。どういうことか（注4）。

第一の「プログラムの否定」とは何か。それはプログラムを優先するか、利用者本人の意向や状態を優先するか、という問題提起だろう。ふつうはプログラムがないとケアも出来ないと思ってしまう。そしてプログラムにそって利用者の一日の生活の流れがつくられる。そうすると、プログラムにあわせて利用者を管理し誘導してプログラムどおりに生活させようとすることになるのだ。この逆転こそ、村瀬が批判するものだ。利用者にあわせることをせずに、ケアプランや事業所の都合や計画にあわせて、利用者をケアしようとすることを批判しているのだ。本来ならば、目の前の利用者ご本人のニーズや状態にあわせてこそのケアや介護のはずなのに、前もって作られた計画（ケアプランや施設の当日のアクティビティ計画、入浴や食事の時間帯の設定など）があると、その計画にあわせて利用者を動かすようになってしまう。「そうしなければ、人手不足の中で、ケアが回らない」ということが多くの事業所で言われている。半分は本当だろう。しかしそれが事業所の都合で、人手不足を理由に、利用者本位のケアが行われなくなることの言い訳にされることを、村瀬は批判しているのだ。そうならざるをえない事業所の事情や都合も、よく分かっているに違いない。だからこそ、利用者本位でなく事業所本位になっていく傾向を危険なものとして批判しているのだろう。介護保険での「介護」は事業所の都合に合わせるように利用者を誘導していく傾向がある（注5）。

第二の「介護者にならない」とはどういうことか。新人職員へ「介護者にならないで下さい」という村瀬のメッセージは、新人職員を悩ませるという。一生懸命な人ほど「介護をしなければならない」と思っている。それはついつい上から目線の「介護者という立場」からの介護になっていく。それは上から目線で介護プランを利用者に押しつけていくものになりがちだ。そのような「介護」は時に無用の押しつけになるという。だから「介護者」という「立場」から離れる必要がある。

これは第三の「何もしない」経験をもつ、ということの意味にもつながる。「何もしない」ことは、じっと見ること、いっしょにいること、何かをするのでなく、利用者本人に沿うことであるという。村瀬は「添う」ではなく「沿う」という言葉を慎重に使いわけている。添うのは、まだパターナリズムの色のついた、上から何かをしてあげるという態度に見えるからだろう。もっと立場を脱色しなければならない。そのための「何もしない」だ。「何かをする」ことは「してあげる」ことにつながる。保護者としての介護者、上から何かをするという態度が、結局は、プログラムにしたがって何かをしてあげる、という事業所や介護者本位のケアになってしまうからだ。

注4　これは本書の中に明示的に書いてあることではないので、村瀬孝生本人へのインタビューをふまえた評者による解釈である。

注5　私は、何度か「宅老所よりあい」、「第二宅老所よりあい」、「第三宅老所よりあい」「よりあいの森」などを訪問して村瀬孝生さんから直接お話をうかがった。くわえて彼の講演や、その他の会話の機会などをもとに、彼の意図を推測することとした。しかしあくまで筆者個人の解釈であることをお断りしておく。

この三つの否定から、何が見えてくるだろう。ケアということの原点に戻ること、ゼロに戻ること、ではないか。ここで求められているのは、既存の「介護」をいちど批判的に忘れること、相手の意向や状態をみずにつくられたプランを実施するのではなく、相手を具体的な人として見つめ、その日のその人の意向や状態に沿いながら、対応していくこと。それは、介護の原点に立ち戻ることであり、そこから個々の人に沿ったケアが自ずと生まれてくるはずだ。介護の原点にもどって、介護保険制度の枠をはめられたいわゆる「介護」を超えていくことが目ざされているのではないか。この原点にもどっての介護を、まだ実現してはいないが理念的に求められるものという意味をこめて〈介護〉と表現してみたい。

いわゆる「介護」になりがちな現状から、いちど原点にもどって〈介護〉を探そう、そういう試みとして村瀬の言葉を読むことができる。

「あきらめる勇気」と「七〇点の介護」

村瀬のいう「あきらめる勇気」とは何か。ここまで論じてくると、次のような論点が見えてくるように思う。第一に、それは「医療モデル」とは違って、介護の世界は「生活モデル」にもとづいて、老いを無理やり治療しようとはしないという主張である。

医療の世界は「老い」に対抗して様々な治療努力を重ねる。その流れの中から、介護の効果測定、データとエビデンス、より効率的で効果的なケア、ＡＩや介護ロボットの開発と導入、新規の薬品やテクノロジーの活用、そして介護予防……。保険料や税金を投入するからには、それに見合った「成果」や効果が必要だというのだ。この医療の論理にたいして、福祉の世界は治療できないものを治そうとするのではなく、その人の生活を大切にするはずではなかったのか。介護保険も、要介護という誰にも訪れる可能性のあるリスクを、社会全体で受け止める社会保険として、医療化ではない福祉の「生活モデル」にもとづき制度設計されたのではなかったか。それがいつのまにか医療の論理と財政の論理に追い詰められて、制度改正のたびに、当初の理念からは遠のいていく。

村瀬のいう「あきらめる勇気」とは、逆説的な表現なのだ。まじめに「介護」に取り組む人ほど、いつのまにか「医療」の論理に包摂されてしまうことを見直そうという「勇気」なのだ。まじめに「介護」に取り組む人ほど、その効果や改善を求めることになる。最近の村瀬は、「七〇点の介護で良いのではないか。八〇点、九〇点と追い求めていくことが、かえって介護の良さを壊していくのではないか」という趣旨のことを述べている。これはもちろん努力するな、ということではない。現状で良いということでもない。むしろ逆である。努力の方向に注意を向けて、医療とは違う〈介護〉の方向性にこそ注力すべきだという主張なのだ。

ふつう、努力というのは、六〇点よりは七〇点を、さらに八〇点や九〇点を追い求めることになる。その努力こそが、専門職としての向上だ、という分かりやすい論理が展開される。しかし点数化されるものとはどんな尺度だろう。日常生活を点数化することができるだろうか、それは福祉や介護に適した点数尺度なのだろうか。専門性を高めること、より高度な技術や介護を求めると、いつのまにか医療の論理、医療の点数尺度に相似していきがちだ。それは違うのではないか、もっと違う論理で対抗したい、というのが村瀬の「七〇点の介護」という表現になるのだ。

村瀬の提示するエピソードは、医療によって治療できない領域があるということを、治療しようとすると生活が破壊されるかもしれないということを、むしろ「老い」に寄りそいながら、老いという日常生活を大切に守っていくことが、「介護」の先にある〈介護〉かもしれないことを、問題提起している。

「理想の〈介護〉」のもたらす不安

さてここまで「宅老所よりあい」や「よりあいの森」に沿って「介護」とは何か、介護保険の「介護」と比較しながら考察してきた。もう少し先まで行ってみよう。それには「たすけあい佐賀」の事例が参考になる。この「たすけあい佐賀」は福岡の「宅老所よりあい」をモデルとしながら佐賀市の中心部につくられた複数の宅老所やグループホームなどを運営するNPO法人である。この事例を長期取材した福岡賢正の『いのち寿ぐために――「たすけあい佐賀」の宅老所から』（二〇一五）は多くのことを教え、そして考えさせる。この本も村瀬孝生と同じく徹底した事例紹介である。制度の解説は極小にして、そこでお年寄りとスタッフとが、どのように泣き笑い、どのように生きているかを、たんねんに記録している。つまり病院や大規模施設では不可能な「介護らしい介護」が「宅老所」という小さな場所でひっそりと実現されている、しかもそれが一種の奇跡のように実践されている、という報告になっている。

読み進めると、じんわりとした不思議な感動に包まれる。たとえ小さくて古い民家で設備は整っていなくても、医療は必要最小限でも、このような理想的な「介護」が可能なのだということを教えてくれるからだ。厳しい条件のもとでも、このような「介護」を支える人たちがいるということも教えられるからだ。それは大きな希望である。そして同時に、言い知れない「不安」も覚える。どういうことか。

ここに紹介されているような「介護」を受けて、このような幸せな終末期を迎えることができるかどうか、それは意思や努力ではなく「偶然」に左右されるのではないか、という「不安」である。これまた、どういうことか。

ここに紹介されている人たちが、「宅老所よりあい」や「たすけあい佐賀」に出会えたのは、本人の意思を超えて偶然おとずれた僥倖だったのではないか、とも見えるからだ。かかりつけ医や家族らの理解にもめぐまれ、しかも近くに宅老所があったから、このような幸せな日々を送ることができたのではないか。それは偶然に左右されるものではないか、とも見えてしまうからである。

幸せな介護と幸せな看取りの記録である。しかし、私たちは、あるいは私たちの老親は、このような幸せな「介護」にどうしたら出会うことが出来るのだろうか。この幸せな「介護」の記録を読むほどに、そういう「不安」が生まれるのをどうしようもないのである。本書を読んで積極的に求めたとして、地理的な条件などで、かならずしも、そのケアにたどり着けるとも限らないからだ。

もっと言えば、ここに理想的な〈介護〉があるように見えるからこそ、認知症の人にとっての「救い」があるように見えるからこそ、この理想的な〈介護〉を受けることが出来なかった時には、天国と地獄に分けられてしまうような寂しい思い、そういう「不安」に襲われるのだ。「ここには理想の介護がある（ように思われる）、しかし私や私たちの老親には、このような幸せな最期を送らせてあげられなかった」という思いを残す。そしてまた「私や私たちの老後には、このような幸せな場所があるだろうか」という不安な読後感を残すのである。

「介護」はどこから来て、どこへ向かうのか

このような「宅老所よりあい」や「よりあいの森」の運営はどうなのか。日々、制度との葛藤の毎日だという。その一端が批判的に列挙されている。制度化されると監視と規制のいたちごっこが始まる。その結果は介護現場が自主的な判断が出来なくなり思考停止におちいることになる。画一的な指導がいきわたると「コンプライアンスという殺虫剤が強すぎて、害虫どころか益虫まで殺すことになる」。さらに介護保険の持続可能性を高めるため要支援や要介護一、二を給付からはずして保険の範囲を限定し、個人の自己負担を高めようとする制度改革の動向は、政府や行政の負担は低めるが個人や家族のリスクを高めていく……。すべて二〇一〇年の出版時点での予測だが、事態は正確にこのとおりになっている。介護保険制度はまさに社会保険であることを自己否定するような方向へと歩み出している、という現場のリアリティが伝わってくる。

さてこうした流れの中で、「宅老所よりあい」と「第二宅老所よりあい」だけでなく、第三の小規模特別養護老人ホームの「よりあいの森」を作っていくことになる（注6）。これは一見したとこ

ろ「逆コース」ではないかと思える。本書に現れているような村瀬の介護保険制度への批判的な立場からすれば、制度の外側にでて、制度に縛られない介護やケアをめざすのではないか。そう思われるのに、制度の中へさらに踏み込んでいって、より多くの規制のある「小規模特別養護老人ホーム」として「よりあいの森」を作るのは、逆なのではないかという疑問がわくのだ。

ところがそうではないという。そのキーワードが「老人ホームに入らないための老人ホーム」だ。これはどういうことか。

「老人ホームを否定する老人ホーム」、「介護を否定する介護」ということなのだろうか。そうではない。これまで見てきたように、「宅老所よりあい」の基本コンセプトは、制度にあわせたケア、事業所の都合を優先した画一的なケア等の対極をいくものであった。そしていわゆる「介護」をいちどかっこの中にいれて、その先に個別に沿った〈介護〉をめざすものだとすれば、特別養護老人ホームでも同じことが可能なはずである。通いと泊まりの「宅老所よりあい」では出来ない二四時間のケアが特別養護老人ホームでは可能だ。しかしそれゆえに、より管理的で、より制度側にたったケアになりがちである。そうしたケアにならない運営をめざすキーワードが「老人ホームに入らないための老人ホーム」ということではないか。これは、従来の特別養護老人ホームの「安心して預けられる施設」というイメージの真逆をいくコンセプトだ。

これまで見てきたように「宅老所よりあい」は「託してしまう施設」ではなく、町中の普通の場

注6　［鹿子　二〇一五］にその経緯が紹介されている。また同時期に刊行されていた雑誌『ヨレヨレ』にも多くの情報が掲載されていたが、残念にも四号で終刊となった。

所、「自宅のような在宅」として「関わりつづけられる」場所をめざしてきた。だからこそ理念や意識先行でない、困難な利用者に寄り沿う介護を、ある程度、脱力しながら実践してきたのだ。それがこのままでは諧謔ではなく、ほんとうに疲弊して、「へろへろ」や「ヨレヨレ」になってしまうという事態に直面して、「老人ホームに入らないための老人ホーム」を立ち上げたということではないか。

「安心して預けられる施設」になることは拒否しながら、「自宅のような」「普通の生活」を維持するためにこそ、施設が必要になるというパラドクスである。

その意図は、「委ねきりにしないで下さい、預けきりにしないで下さい、関わって下さい、関わりつづけて下さい、家族は家族だし家族以外にはできないことがあるのだから」。「宅老所よりあい」が言っている、前からの問題提起も込められているのではないか。

そもそも介護保険が「成功すると失敗する」のは、このあたりに落とし穴があったのではないか。介護保険で、みんなが「介護」を受けようとし、安心して施設に預けようとする。それは「失敗への道」なのだ。安心して任せてしまう、預けきりにしてしまう、制度に依存してしまう、施設にお任せしてしまう、それが「成功すると失敗する」メカニズムをうみだすのではないだろうか。

ここに至って、私たちは、高齢社会や「介護」についての社会の潜在意識、「宅老所よりあい」のような介護施設やシステムへの無意識的な依存や期待について、もういちど考え直す必要に直面するのだ。「宅老所よりあい」や「よりあいの森」は理想郷ではない。安心して預けきりにできる施設でもない。それは私たちの介護不安や先行き不安の潜在意識をあぶりだす。そこに私たちも「寂しさ」を感じる。だから、いっしょに関わりながら、いっしょに作り出していきましょう、という「宅老所よりあい」や「よりあいの森」のメッセージが聞こえてくる。

それは「老人ホーム」「老人ホームを否定する老人ホーム」、「介護を否定する介護」ではなくて、「老人ホームを超える老人ホーム」、「介護を超える介護」へ向かっているのではないだろうか。

私たちは、この問いかけにどう答えることができるだろうか。社会の外部に「病院」や「施設」を作って「介護」を「医療職」や「介護職」に委ねてしまうのではなく、私たちの身近に、ぼけても普通に暮らし続けられる「地元」を作ることができるだろうか。そういう問いかけを、「宅老所よりあい」や「よりあいの森」は発し続けている。

グローバル資本主義の中の非営利——その意外な可能性

冷戦が終結するとグローバル資本主義という大嵐がやってきた。世界の中での日本の地位はしだいにずり落ちてきた。雇用も劣化し、格差社会も進んでいる。しかも超高齢社会、人口減少社会。どうしたら良いのか。これは、考えてみると一九七三年の石油ショック時の状況に似ている。資源のない国日本で、どうやって未来を切り開けるというのか。あの時にパニックになって、後ろ向きの改革—人員整理のリストラや社会保障・社会福祉の切り下げなどをやっていたらどうなっていたか。今日の日本はあるまい。そうではなくて、資源のない国であることを逆手にとって省エネ技術を開発するなど前向きのエネルギーを引き出したからこそブレークスルーに成功したのではないか。超高齢社会も同じでここが踏ん張りどころだ。人びとの潜在的なキャパシティを引き出すための組織論が必要だ。その糸口を「非営利組織」として考えてみたい。これまでのような実体に縛られた組織論ではなく、バーチャルな組織を考えてみるのだ。レスター・サラモンの「第三者による政府」というアイデアを大胆に読み替えて、グローバル時代の新たな「非営利」のあり方を考えてみたい。

グローバル化とナショナリズムの狭間で

世界中がグローバル化とナショナリズムで大揺れである。英国がEUを離脱することになる。米国もトランプ大統領となって自国第一主義へ大きく舵を切った。フランスではテロが頻発するたびに極右政党がその存在感を強めている。いたるところでグローバル化と反グローバル化とナショナリズムが三つどもえとなって衝突している。

世界も迷っているのだ。どこへ向かうべきか道は見えない。世界的なナショナリズムの高揚は、国家（Nation State）という、世界を成りたたせている基本の枠組みが、グローバル資本主義に翻弄されて、かつてないほど弱い立場に立っていることの裏返しではないか。様々な問題が噴出しているが、それを市場も国家も解決できなくなっている。これから先は、グローバリズムだけでは足りない、ナショナリズムでも解決できない。何かが必要だ。それは何か。

この問題を考える上で、ひとつの補助線を引いてみたい。それが「非営利」である。「非営利」は、後に論じるように、営利でも反営利でもない不思議なあり方だ。慈善活動やボランティアを含むが、それに尽きるものではない。どうやらグローバリズムや資本主義とも共存しているようだ。資本主義に対する真っ向からの反対ではなく、批判も含んだ共存や共生のあり方ではないか。しかしそのためにはいくつかの「条件」が必要だ。

冷戦後の世界で

一九九〇年代初頭、東西冷戦が終結した後に残された大きな問題は、崩壊した巨大な社会主義国家の担っていた役割のうち、資本主義化できない部分を、どこがどう担うか、ということだった。国家は国家を直接支援することはできない（内政干渉になる）。そこで米国の民間財団等は非営利セクター研究者レスター・M・サラモンらの主導により、非営利セクターの育成とそれによる社会運営という手法によって旧共産圏諸国の支援に乗り出した。非営利セクターの育成は、旧社会主義国が資本主義と共存する方法として考えられた米国流のソリューションだったのだ。

この見方は二〇〇〇年の「九・一一テロ」以後、楽観的すぎると批判されるようになった。しかし、世界的な格差社会の拡大や「福祉国家」の危機など、様々な社会問題の噴出にたいして、他に有力な方法は見つかっていない。サラモンによれば、近年では、IT産業やグローバル資本主義の中で成功を収めた富豪たちが、この「非営利」という補助線をたどって「社会的インパクト投資」という手法を応用しはじめているという。それが米国流の「フィランソロピー」や「ソーシャルビジネス」であり、「米国流の福祉国家」なのだという。ここまでは従来と同じく楽観的すぎる見方だ。しかし、さらに米国では、「政府」と「非営利」が「バーチャル政府」を形成して問題の解決にあたる、そういう方法が動いているという。そこでは「政府」も「非営利」も、従来のような実体的な存在ではなく「バーチャル」なかたちで機能を果たす方向へと変化しているというのだ。ここから先は面白い。もちろん「非営利」が根本的な解決策だとは思われないし、楽観的になりすぎるのも考えものだ。しかし、この補助線を引いてみると、今まで欠けていた何かが見えてくるのではないか。

グローバルな格差社会への処方箋――ピケティとサラモン

貧困や格差など、様々な福祉課題は、かつてなら「福祉国家」という枠組みの中で解決がはかられたはずだ。ところがグローバル化によって国境や国民という概念が溶解しはじめるとこの枠組みが機能しなくなる。こうした世界的な格差問題への解決策として、近年、もっとも注目されたのは、フランスの経済学者トマ・ピケティの『21世紀の資本』（二〇一三）である。この中で、ピケティは世界的な経済格差拡大の原因を、所得よりも資産の格差に求めている。所得以上に資産の生み出す富が大きくなっているからだ。そして、この問題への究極的な解決策として「世界規模での資産課税」を提案している。

この解決策の評価は、分かれている。所得ですら正確には補足困難なのに、資産を世界規模でとらえて課税できるものだろうか。そのためのグローバル課税には、現在の国家以上の「世界国家」がなければ不可能ではないかという批判である。だが現実には困難でも、理論的には正鵠を得ていたのではないか。これが二一世紀の問題解決のための、ひとつの理論モデルである。

ついで、米国のレスター・M・サラモンらの「非営利セクター論」や近年の『フィランソロピーのニューフロンティア―社会的インパクト投資の新たな手法と課題』（二〇一四）にも注目したい。これは一見、ピケティの議論と無関係に見えながら、じつは同じ問題を、米国流の角度から見たものと考えられる。サラモンの議論は、ピケティとは異なる米国流の価値観を前提にしている。それは、米国以上に巨大で強大な国家は認めない（社会主義や共産主義、ましてや世界政府などもってのほかである）。ついで、政府ではなく、民間の自由な活動による社会問題の解決こそが望ましい。自由な資本主義のもとで自由に経済活動を行い、その結果うまれた富を、社会を改良するために自分たちのイニシアチブで有効に使いたい、というのが米国流の社会問題の解決方法なのだ。

この「米国流」の条件を満たしながら、世界の社会問題を解決していく道を考えると、「社会起業」や「ソーシャルビジネス」、その発展型としての「社会問題解決型の社会的インパクト投資」などがあげられるだろう。国家の介入による問題解決（社会福祉など）は米国の価値観に合わない。つまりピケティ方式でない方法が必要なのだ。

非営利はどこから来て、どこへ行くのか？

そもそも「非営利（Non Profit）」とは何なのか。考えはじめると謎だらけだ。営利の否定なのか、市場と経済の否定なのか、社会主義に回帰しようという試みなのか、つまるところ資本主義の否定なのか。

そうでないことは明らかだ。非営利セクターは、資本主義の中心となる国々こそ大きいからだ。ちなみに資本主義の中心であるニューヨークは、巨大な非営利団体の本部が集結する中心地でもある。米国だけでなく現代の先進資本主義国では、どこもボランタリーセクターや非営利セクターが大きくなっている。アフリカや中東、アフガンなど貧困と紛争の頻発する地域で活動する団体の多くがNGOなど「非政府」組織としてその活動が注目されている一方で、資本主義の中心部には「非営利」が大きく存在するのだ。

でも「非営利」というシステムは、いったい、どこで生まれたのか。それは間違いなく資本主義の中心地米国である。非営利セクターの歴史を研究するハーバード大学のピーター・ホール教授によれば、「非営利」という考え方や仕組みは、米国東海岸のマサチューセッツ、なかでもボストンやフィラデルフィア周辺から歴史的に展開してきたという。これは米国における資本主義のルーツと同じだ。これまで「非営利」は、近代資本主義の矛盾に反対し、対抗するために生まれたと考えられていた。しかしホールは、歴史的にみて米国の資本主義でもっとも成功した人たちの中から「非営利という仕組み」が生まれてきたことを論証したのだ（注1）。

だとすれば、奇妙なことではないだろうか。利潤を合理的に追求する資本主義の、その中心から「非営利」が生まれてきたことになるからだ。これはマックス・ヴェーバーの『プロテスタンティズムの倫理と資本主義の精神』（一九〇四〜〇五）が唱えている有名な説を思い起こさせる。敬虔なプロテスタントの信じる「予定説」と禁欲的なエートスこそが近代資本主義の精神を生み出したという説だが、まさに瓜二つではないか。プロテスタンティズムの倫理は一方で近代資本主義へつながり、資本主義にならなかったもう一方は「非営利」の精神へと展開したのではないか。両者はルーツが

注1　富者が個人資産を公共のために寄贈することを促進する税制、寄附することによる免税制度の整備などによって、直接税を媒介としない富の再配分システムの受け皿の一つとして非営利組織が発展してきたという。

同じで、近代資本主義を生み出した精神の両面なのだ。米国で、資本主義と非営利という一見、正反対のものが生まれ、ともに発展してきたという不思議な謎がこれで説明できる。米国由来の「非営利」は、反・資本主義ではなく、反・営利でもない。それらは敵対でなく補完しあっている。そして今、グローバル資本主義ともうまく共存している。

「非営利」の不思議――なぜ必要とされるのか

では米国における「非営利」とは、いったいどのような活動なのか。米国における非営利組織は定義上「合衆国税法のもとで、免税資格ないし非営利としての地位を獲得している諸団体の広範な種類」とされている。もっとも有名なNPOは501(C)3という種別なのだが、それ以外にも、商工会議所から葬儀費保険組合まで、相互保険会社や開発団体にまでおよぶ二〇種類以上の様々な免税団体が定められている。

ではなぜ「非営利」が必要とされるのか。サラモンらの説明によれば、非営利セクターが必要になる理由は主に三つある。第一は「政府の失敗」、第二は「市場の失敗」、第三が「ボランティアの失敗」だ。

「政府の失敗」は次のように説明される。税で運営される政府は、公平・公正・平等の原則のため、平均的で最小限のサービスしか提供できず、現代社会の多様化するニーズに対応できない。そこを埋めていくのが非営利だという。「市場の失敗」では、保健・医療・福祉・文化・教育などの領域でサービス提供者と消費者との間で「情報の非対称性」が生じる。受ける側が情報の真偽や価格の妥当性を正しく評価できない、それでは供給側の論理で価格が決まってしまう。それは社会的弱者や情報弱者にとっては致命的だ。ゆえに価格や市場メカニズムに左右されにくい非営利組織が必要となる。「ボランティアの失敗」も重要な考察である。ボランティアは、個人の価値観や自発的な意志で行動するため、社会サービスの提供主体としては不安定だし、大きな偏りも生まれてしまう。そこでボランティア以上の組織性や継続性、客観性をもった非営利組織が必要になるからだという。

こうした説明の背後には、プロテスタンティズムの倫理と資本主義の精神が共鳴しあっているようではないか。非営利セクターは、政府や政党、市場や企業といった人間たちの利害の外にたつ活動であって、個々人の社会への不安定さをオフセットする活動である。そして社会の外部（というより境界線上）から社会の問題を正そうとする理念をもった活動である――これは喩えてみれば、非営利組織という協会（association）は、「教会」の似姿なのだ、ということになる。キリスト教会の原義はギリシア語の「エクレシア」で「人びとの集い」のことだという。だとしたら、非営利組織という協会は「教会のような協会」だとも考えられよう。そして教会も、様々な寄附や社会活動を通じて協会としても活動している。だから「協会のような教会」でもあると言ったら言葉遊びが過ぎるだろうか。いずれにせよ米国における非営利組織には「教会のような協会」という側面があり、それゆえに資本主義と協調しながら発展してきたと考えられる。

「非営利」の存在理由を、目的からではなく機能から説明すると――「政府にできないこと」「市場にできないこと」そして「ボランティアだけではできないこと」を行うためだと考えると、公益とも公共とも違う、もうすこし曖昧で、もうすこし広い概念が得られる。それが「非営利」なのだ。それは「営利」を全面的に「肯定」しているわけではない。しかし必ずしも「否定」するものでもない。批判しながらも、よりよいものにしていくことを志向する活動――いわば「二重否定」のようなかたちで肯定しているのだとも言える。それは資本主義と共存しながら発展するための、細心の注意を払った非営利の側からの関わり方なのだろう。

「非営利以上の非営利」の可能条件

米国におけるこのような「非営利」の展開は、なぜ可能になったのか。重要なポイントとなるのが「政府」のあり方だろう。サラモンによれば、米国の非営利セクターは、一般に考えられているのとは違って、民間の寄附によってのみ支えられているわけではないという。意外なことに「政府」との協働により成りたっている部分が大きいのだという。「行政府とNPOとの協働」？　それならば、日本がやっていることと同じではないかと思う方もいるかもしれない。ところが違うのだ。次にそれを説明しよう。

サラモンは、政府と非営利組織とが協働して社会サービスを提供する米国流のシステムを「第三者による政府」（Third Party Government）と呼ぶ。この場合の「政府」の役割は、直接サービスを提供することではなく、法や制度によって定められた社会的な資源を、サービス提供者に提供することだ。「政府」が「事業者」としてのNPOを使うのではない。ともに協働して「第三者による政府」

つまり「サード・パーティとしての政府」を形成することなのだという。そこには経済的な資源だけでなく、非営利組織への様々な制度的な支援なども含んでいる。一見したところ「福祉国家」ではないように見える。通常の理解とはやや異なるが、それが「米国流の福祉国家」なのだという。

要点を理解するため理論モデルで考えよう。日本流だと、民間非営利組織は政府や行政の「アウトソーシング」先、つまり「業務委託先」のように位置づけられる。何のために委託するか。新自由主義の考え方のためだ。当初は理念もあっただろうが、やがてはコストの削減、行政現業職員のリストラなどの本音が現れる。したがって非営利組織は、徐々に行政府にコントロールされ、行政府の下位に位置づけられる。「NPO法人の下請化」が進行していくのだ。「指定管理者制度」はこの傾向を進めた。もちろんそうでない事例もたくさん存在するだろう。しかし行政側の担当者が代わったり、首長の交代などでNPO法人側は、つねに不安定な状況に置かれることになった。これを「行政とNPOとの協働(パートナーシップ)」と言うのは苦しいだろう。

ところが米国ではどうか。こちらも例外が多いことだろう。その留保のもとで大きく「理念型」としてモデル化すると次のようになる。政府と非営利組織が、協働して「第三者」になるのだ。その両者が現状の「政府」を代替しながら社会サービスの提供を行うことになる。思い切って理論モデル化していえば、それは行政府や民間というそれぞれの立場よりも一段階上の次元(「第三者」の次元)に上向することだ。日本でも米国でも、サービス提供が行われている場面だけ見ると、そこに違いはないように見える。しかし、その「協働」が、行政府に従属した「下位」を生み出すか、上向した「第三者」を生み出すか、というところに大きな違いがある。

なぜこのような違いが生まれるのか。歴史的な理由もある。米国の歴史を考えれば、米国では行政府こそ民から「業務委託」される存在である。行政府も民間非営利組織も、理論的には、住民から付託された業務を共同で果たしていることになる。なにしろ、税を支払う負担とサービスを受けるメリットを考量して、自治体とならないという選択肢がある国なのである（注2）。もちろん実際には、日本と同様、行政による法令監査や上から目線での命令が行われること等も多々あるだろう。しかし、このような本質的な理論がバックボーンとして存在するのが米国の非営利セクターの強みなのである。

この興味深いモデルを、サラモンは、近著では「バーチャル政府」とも表現している。この用法のほうが、さらに理解しやすいかもしれない。「バーチャル」とは「組織の実態は別々でも、仮想的に統合された機能を果たす」ということだ。行政府もＮＰＯも、組織としての実体は別ものだが、社会福祉サービス提供の場面では、バーチャルに協働して機能を果たしている。いわば「仮想的」に統合されていることになる。これは、日本の行政府とＮＰＯの関係とどう違うだろう。じつは日本での「社会福祉法人への委託」や「指定管理者制度」と似ているようで似ていない。なぜなら、日本の場合には、仮想どころではなく、リアルに組織の壁は厚く、協働とは名ばかりの上下関係（発注者と事業者の関係）となってしまうことがほとんどだからだ。行政府の側にバーチャルになろうとする意思も制度もない。つまり行政府ともＮＰＯとも違う第三の次元でバーチャルな創造的な活動が生まれる可能性は皆無に近いと言えるのではないか。

かつて日本でも組織間の「ネットワーキング」が流行語のように言われた時期があった。しかし現実の組織の縦割りや上下関係の厚い壁の中で消失していった。その意味で、日本における「第三者による政府」や「バーチャル政府」という概念には「失敗」の既視感がある。しかしそれだけに様々な可能性を考えさせるのだ。

「バーチャル化」——平凡な発想の中の意外な可能性

最後に、日本への示唆について考えておこう。

第一に、このままグローバル化が進めば、「政府」の役割は福祉に限らず社会全域にわたってその必要性を増すにも関わらず、現実には小さくなっていくだろう。税率をあげると資本や企業は海外に流出する。ナショナリズムが世界各国で高揚しているが、それとはうらはらに世界は「小さな政府」へ向かっているのだ。それにくわえて少子化や高齢化も進んでいく。そうなると自国民と自国内に限定した「福祉国家」政策を今まで通り維持することは困難になるのではないか。どうすれば良いか、世界中が頭を悩ませている。

本稿では、ピケティの世界規模での資産課税のような政府機能の拡大や強力化の提案にたいして、

注2　米国には、自治体を持たない地域が多数存在する。「アメリカ合衆国の自治体は州によって区画されて成立したものでなく、住民によって設立され州憲法に定める手続きによって承認され法人格を得るものであり、自治体が設置されていない地域（非法人地域並びに未組織地域）が国土面積の大半を占めている」これは驚くべきことで、日本と大きく異なる点である。

サラモンの民間非営利セクターとの協働による「バーチャル政府」という提案を対置してみた。日本は、そのどちらでもない。グローバリズムの流れに乗りながら、社会保障の水準を切り下げていこうとしているが、非営利セクターを拡充・拡大しようとはしていない。公益法人や非営利法人への「政府」による管理や監督をより強力にして合理化や法令遵守をはかろうとしているが、これでは非営利セクターは萎縮して縮小するばかりだろう。米国の「バーチャル政府」化とは真逆の行き方だ。このままでは手詰まりになるのではないか。

第二に、サラモンの注目する社会起業家や「フィランソロピー」への期待にも問題があろう。日本ではまだ大きくは目立たないが、世界を見渡すと、政府でも市場でもない方法で、社会問題を解決しようとする方法への期待は大きくなっている。「政府」にたよらずビジネス手法で社会問題を解決しようという、その受け皿が米国では「フィランソロピー」や「ソーシャルビジネス」なのだ。しかしこの方法には問題がある。ボランティアと経済投資とは、行為者や投資者の主観的な意志に左右されるという点で、じつは根本的に似ているからだ。サラモンの言う「ボランティアの失敗」はそのまま「フィランソロピーの失敗」や「ソーシャルビジネスの失敗」にも通じるだろう。この問題をどう解いていくか。サラモンは社会的投資仲介機関やフィランソロピーへのアドバイザー機能などに期待を寄せているが、まだ十分な答えではない。

第三に、それでもグローバル化の中で増大する問題や課題に対処していくには何が必要だろうか。サラモンの言う「バーチャル政府」の方向性は、一見平凡なものだが、じつは考えさせる示唆に富んでいる。発想そのものは、斬新でも新鮮でもない。ネットワーキングや協働（パートナーシップ）

など昔から言われてきたことに類似している。でもその実現は難しかった。なぜか。もうひとつ、決定的な何かが、足りなかったのだ。

これまでの「ネットワーキング」概念のように組織間関係の組み替えによる仮想的な連携や協働では、仮想化は、あくまでも仮想化のレベルにとどまる。このままでは、かつてたどった道と同じことになろう。「政府」がバーチャル化するだけでは十分ではない。ボランティアやＮＰＯ、社会福祉法人や様々な民間非営利セクターもまた、バーチャルなレベルで活動できるようになることが必要だろう。仮想化は相互に仮想化することが前提だからだ。

そして、さらにその先がある。それは、協働して目指すその先の目標が必要だということだ。目標の先の目標、つまり米国流の「第三者による政府」という概念に含まれているような、より次元の高い目標が必要なのだ。二次元平面上でのネットワーキングやバーチャル化だけでは、結果も二次元平面にとどまってしまう。それでは縦割りや上下関係の壁は越えられない。さらに上へ突きぬけ、第三次元をともにめざそうとする協働の意志のようなものが必要になる。それはいかにして可能か。それこそ「バーチャル政府」というシステムを実質的に動かすための基礎条件になるのではないか。

グローバル化によって現状の「福祉国家」が追いつめられ、小さくなり、行方が見えなくなっている現在こそ、当面の目標の「その先」の目標が必要になってくる。「バーチャル政府」や「バーチャル非営利」という、ある意味では平凡な発想のその先に、意外な可能性が秘められているのではないか。

Ⅱ　災害と福祉そして非営利の復元力

日本の非営利、アメリカの非営利

日本とアメリカのＮＰＯや非営利組織を研究してきた。何が見えてきただろう。一九九八年に特定非営利活動促進法（ＮＰＯ法）が出来たときには沸き立つような喜びや期待感があったのに、それはどこに行ってしまったのか。二〇〇〇年に公的介護保険が施行された時に、みんなあれほど期待したのに、あの思いはどうして消えてしまったのか。もっと根本的なところから「非営利」やＮＰＯをとらえ直すことが必要だと思った。考えると「非営利」や Non Profit という概念の曖昧さや多義性が逆作用して、ごくありふれた概念に平凡化したことも一因ではなかったか。非営利やＮＰＯを特別なこと、無償の行為、善意の発露、と考えてしまうのは問題だ。しかし、ありふれた普通の団体と見てしまうのも問題だ。米国のＮＰＯ理論は、見えないけれど存在している様々な団体や仕組みの中に「非営利」という共通項を見いだしたところから始まった。そしてそれが意外にも巨大な非営利セクターをなしていて、現代社会の不可欠の一部になっていることを示した。そこまでは良い。そこから先、これからの私たちにとってどんな推進力を与えてくれるものなのか。現在のＮＰＯや非営利組織の一歩先、二歩先、その先は、どうなるのか。ＮＰＯという未完のプロジェクトの行く先は、どこなのか。そこを考えるには、現状を見るだけでは足りない。理論が必要だろう。そこで「社会」に参入しながら、「社会」を変え、「社会」を超えていく触媒や媒介というモデルを考えた。「政府」を変身させ「第三者による政府」という、これまでとは異次元のバーチャルな政府を作り出すモデルを考えた。それが「非営利」を超える〈非営利〉である。それはまだ理論モデルにすぎないが、現在を超えていくための何らかの方向を示せるのではないか。

問題の所在

日本の「社会福祉とＮＰＯ」研究は、なぜ一九九〇年代から活況を呈し、そして現在、曲がり角に立っているのだろうか。時代背景と理論的な問題の両面から考えてみたい。

第一に時代背景として重要なのは、冷戦終結後の急激なグローバリズムの奔流、そしてそれ以前から言われていた「福祉国家の財政危機」の顕在化、さらに世界的な新自由主義（ネオリベラリズム）的な政策動向（小さな政府志向）などの諸潮流。そして非営利セクターの「共振」（仁平典宏の概念）である。第二に日本では一九八〇年代から顕著になった人口高齢化やそれへの民間の対応としての住民参加型在宅福祉サービス活動の勃興、そして阪神・淡路大震災でのボランティア・ブームやその後のＮＰＯへの関心の高まり、それを受けての特定非営利活動促進法の成立やその後の介護保険法の成立と施行、そして介護保険指定事業者として活動するＮＰＯが多く現れたことである。こうした立て続けの連鎖的な現象と、時代や制度の連関を、順接としてばかりでなく逆接としても考察してみたい。そこで介護保険におけるＮＰＯの活動を、サラモンらによる「ＮＰＯの四機能説」の枠組みを適用して検証してみよう。介護保険と介護系ＮＰＯの動向は、まさに新自由主義との「共振」の典型例をしめしている。それゆえの可能性と問題もあったはずだ。第三に近年の公益法人改革、社会福祉法人改革の流れも含めて非営利組織への逆風が吹き、それに呼応するかのように「非営利組織の経営」の必要性が声高に言われるようになった。とりわけ介護保険事業を行っている非営利組織で。この問題を考えるにあたってＰ・Ｆ・ドラッカーの「非営利組織の経営」論を参照しながら、なぜ米国では非営利組織の「経営」が可能なのか、なぜ日本では「経営」しようとすると「非営利」から逸脱してしまうことが多いのか、考えてみたい。第四に福祉の世界でも政府行政と非営利組織との協働（ＮＰＯに限らず広義の非営利団体）ということが大きなテーマとなってきた。しかし日本では、政府と非営利組織が協働すると「協働」ではなく「協力」や下請けのような役割になってしまいがちなのはなぜだろうか。米国ではどうなのか、違いはどこにあるのか。アウトソーシングや下請け関係にならない「協働」ははたして可能なのか。レスター・Ｍ・サラモンの「第三者による政府」論を参照しながら理論的に考えてみたい。

時代状況——グローバリズムやネオリベラリズムとの「共振」問題

米国でも非営利セクター研究が活況を呈したのは一九八〇年代に入ってからだ。言うまでもなく冷戦終結後の世界で、旧社会主義圏の支援の枠組みとして米国流の「非営利」セクターの仕組みが注目されたからだ。

いまからふり返ると、一九七〇年代以降、世界的な「福祉国家の危機」論の流れもあり、ネオリベラリズム的な政策動向は、社会福祉の世界にも大きく流れこみはじめていたのだが、旧社会主義圏の崩壊は、「大きな政府」への代替として「非営利セクター」の役割にあらためて注目させたと言えるだろう（注1）。その支援の中心にいたのが米国の巨大な財団で、彼らの援助をうけつつ非営利セクター研究のレスター・M・サラモンらは「グローバル・シビル・ソサエティー論」を提唱して米国の非営利の仕組みを布教した。米国の巨大財団などは、相対的に政府から独立しながら、市場セクターとも協力関係を築き、社会サービス提供の仕組みや旧社会主義圏の支援の枠組みを作ってきた（注2）。

こうした世界潮流をふまえ、日本でも、ネオリベラリズム的な政治・政策動向と、ボランティア活動や非営利セクターが「共振」現象を起こしたことを先駆的に論じたのが仁平典宏である。

「ボランティア」とネオリベラリズムとの「共振」

仁平典宏はその主著『「ボランティア」の誕生と終焉』において次のように論じている。ボランティア活動が、主観的に思念された他者への慈善や贈与だとすると、そこには「贈与のパラドクス」が発生する。ボランティアの慈善や贈与が対象者から受け取られない（押しつけだとして拒否されたり、ニーズが的外れだったりする）可能性があるからだ。贈与がその行き先を失ったとき、ボランティアの意味論はどうなるのか——そのパラドクスがどのように主観的に「解決」されていくのかを、ボランティアをめぐる「語り」として分析したところに仁平の先駆的な業績の意味がある。ボランティア行為の意味が、贈与としての行き場を失うと、政治と交錯したり、国士と邂逅したり、自己効用論的な展開を見せたりするなどダッチロールを繰り返すことになる。そしてボランティア施策が、ネオリベラリズム的な政策動向の中で社会保障や社会福祉と交差していくことを指摘する。ボランティアという贈与が、ネオリベラリズム的な志向と「共振」したうえで、介護保険などの福祉に流れ込み、NPOという「事業」体の経営論的展開に変容していくというのである。この指摘は、ボランティアという個の自発的な行為が、なぜ現代社会に充満してくるのか、社会保障や社会福祉の世界に結びついてくるか、その「共振」の基盤にはネオリベラリズム的な社会動向があることの先駆的な論考である。

注1　言うまでもなく、サラモンらによれば、非営利セクターの存在理由は、「政府の失敗」「市場の失敗」「ボランティアの失敗」の三つの理論から導き出されるという。東欧の社会主義政権の崩壊は、「政府の失敗」を強く意識させた。かといって急激な市場への移行は「市場の失敗」理論がそのまま当てはまる。さらにボランティアに依存することも困難というか不可能であった。二〇〇〇年当時、ボルティモアのジョンズ・ホプキンス大学のレスター・M・サラモンのもとで研究していた私は、サラモンの政策研究所が、旧ソ連や東欧から多くの研究者や実践者を受け入れてNPOの実務や非営利セクターについての研修や人材育成を行っていることに強い印象をもった。そうしたプログラムを支援していたのがフォード財団など、米国の巨大な財団だった。こうした支援を政府が直接に行ったなら内政干渉になるだろう。米国で、NPOや非営利セクターが、旧ソ連や東欧を支援することには、時代の大きな追い風も吹いていたのだ。

注2　この流れは二〇〇一年の九・一一で大きな頓挫を経験することになったわけだが。サラモンとアンハイヤらのグローバル・シビル・ソサエティー論等を参照。

順接、逆接——そして「ねじれ」と「共振」

ボランティアやNPOは、ネオリベラリズム的な政策動向とマッチングが良いのだ。あるいは「共振」しやすいのである。「共振」という概念は、ここで比喩的に使われているのだが概略次のように理解すればよいだろう。「意図は別として、結果として類似の行為や結果をもたらすこと」それが「共振」である。

ネオリベラリズム的な思想とは何か。「社会のあり方は自由をベースにすべきで、そのためには国家の役割や社会政策・社会福祉は最小限のものにとどめ、足りないところは、諸個人や共同体による自己責任をベースにした自発的な活動に委ねていく」思想と政策動向と考えておこう。だとすると、ボランティアやNPOは、この思想に同意、共鳴しているわけではない。むしろ反対である。しかしながら結果としてネオリベラリズムと「共振」することになった。どういうことか。

仁平によれば「社会保障におけるNPOの権限拡大は、介護保険に代表される措置から契約へという転換とあわせて、サービスの選択肢を増やし、利用者に主権を移行させる点で、福祉国家の解体ではなく福祉供給の豊饒化につながるポテンシャルを有していたと考えられる」からだ。また仁平は近著論文において「日本版ネオリベラリズム」は「一見、他の先進諸国のネオリベラリズムと同じように見える。だが、他のヨーロッパ諸国では、包摂的な社会保障制度を削減するためのものだったのに対し、日本では、それが未形成のうちにネオリベラリズムを迎えたという重要な違いがあった」と指摘する。そして「日本の「後発」ネオリベラリズムは、日本型生活保障システムの崩れへの対応という課題を有していたため、社会サービスの削減のみならず、その創出に貢献しているという自己意識も強かった」という。慧眼である。まさにここがネオリベラリズムとボランタリズム（ボランティアやNPOの世界）との「共振」の起こる接面なのだ。この一点があったために、ボランティアやNPOはネオリベラリズムとはその精神を異にしながら、活動実態としては「共振」していくことになった。ボランティアやNPOは現実へコミットしたがゆえに、結果的にネオリベラリズムの精神と「共振」することになった。もちろんそれを意識しなかったわけではないだろう。しかし当時の時代状況からして、それ以外に道があったろうか。

「共振」なしの協働は可能だったか

事後的には、このように判断できるとしても、当時ネオリベラリズムの動向ぬきに、NPO法の成立や介護保険は可能だったろうか。それが幻想や曲解であったとしても、日本では、ネオリベラリズム的な政治情勢との「共振」こそが、現実世界の中にNPOを登場させたのだ、と考えられる。ボランティアやNPOは、まさに一九八〇年代以降の、世界的な政策動向に適合しているように見えたので、広く社会に受け入れられたのだ。たとえそれがボランティアやNPO側の意図と真逆であったとしても。

もし日本のネオリベラリズムの政策動向が社会福祉の削減一方だったらNPOとの「共振」は生じなかったろう。あらたな参加や「創出」があったからNPO側も「共振」したのである。その一例が、後に介護保険につながる、地域のひとり暮らし高齢者などへの住民参加型の在宅福祉サービス活動であった。

ボランティア団体側の意図がどうあれ、日本版ネオリベラリズムとの「共振」ゆえに、特定非営利活動促進法（NPO法）も介護保険法も成立・施行された。それによって政府・行政とNPOとの協働は進んだ（ようにみえた）。それが生み出す矛盾や問題は、後に検討する。しかしそもそもの入り口に日本版ネオリベラリズムがあったとすれば、NPO研究と社会運動研究とが、交差しそうで交差しない理由のひとつが、ここにありそうだ。社会運動は、ネオリベラリズム的な政治や政策を真正面から批判する。NPOは、その意図はともかく、サービス提供という次元で、政治や政策に「協力」しているように見えてしまうからだ。「協力」でない「協働」はいかにして可能か。

非営利組織や非営利セクターにとって、新自由主義との「共振」の問題は、まだ理論的にも現実的にも解決されていない課題だ。新自由主義との「共振」現象を、その重力圏内に墜落させられるのではなく、逆にこの重力圏を突き抜けるために活用することは可能なのか。つまり「共振」を、宇宙船が重力圏を脱出する時に使うスイングバイ航法のようにつかうことは可能なのか。この点は、のちに、非営利組織の「経営」の問題、および、政府とNPOとの協働における「第三者による政府」の問題として、もういちど考えたい。

福祉におけるＮＰＯの機能とは何か

日本の「福祉とＮＰＯの二〇年」をふり返る時に、どのような分析枠組みがあるだろうか。じつは意外なほど理論や分析枠組みは少ないのである。ここではレスター・Ｍ・サラモンによるアメリカのＮＰＯ分析の枠組みを用いて日本の社会福祉とＮＰＯとの関係の分析に応用してみよう（注３）。サラモンによれば、アメリカの非営利組織や非営利セクターは四つの社会的機能を持つと整理されている。それは「サービス提供（Service Provision）」、「価値の擁護（Value Guardian）」、「アドボカシー・問題発見（Advocacy/Problem Identification）」、「コミュニティ形成（Community-building）」だという（注４）。これらの項目を日本の福祉ＮＰＯの実態や活動に当てはめてみよう。いささか古い枠組みながら、この二〇年間の福祉とＮＰＯをめぐる研究の流れを整理するうえで分かりやすい分類だからだ。

〈サービス提供機能〉

社会福祉におけるＮＰＯが、社会運動や住民運動と顕著にちがう点は、社会の法や制度にたいし

注３　サラモンの理論には問題も多い。それが実態の分類にすぎず、理論的な根拠なしの定義や機能論ではないかという批判も少なくない。そもそもサラモンの研究じたい、見えない非営利セクターを、あらたな定義を用いて可視化しようとする試みであったのだから。

注４　［サラモン　一九九二］　などを参照

て積極的に市民参加や住民参加を要求しただけではなく、サービス提供も自分たちで担おうとした点にあるだろう。法律や制度を批判するだけでなく、サービスを提供しながら、それを変えていこうとした点にそれまでにない新しさがあった。

これまでの日本の社会福祉組織、とりわけ社会福祉法人や社会福祉協議会などには、様々な批判があった（注5）。措置制度のもとでは、内容も財源も権限も政府行政によってコントロールされ、行政措置としての社会福祉――その運営だけが委託されるという制度枠組みの中に社会福祉法人や社会福祉協議会はおかれていた。したがって福祉サービスの質的な改善や量的な拡大などに関われる余地は少なかった。それにたいしてNPO法人格を取得した団体には、もっと大きな可能性と自由度とがあるように見えた。個別の官庁や行政府によって「許認可」された法人ではなかったからである。ゆえに介護保険事業者として制度の内側でのサービス提供だけでなく、制度では充足されないニーズにも応えられると思われた。「さわやか福祉財団」などが提唱していた介護保険制度とボランティア・NPOとが「クルマの両輪」として協力して高齢社会を支えるという考え方がそれだ。介護保険制度で提供されるサービスでは不足する部分を、ボランティアやNPOが補充して提供しようという提案であった。また介護保険制度には、社会福祉法人や社会福祉協議会、農協や生協、さらに営利企業なども介護保険指定サービス事業者になったことで、様々な法人間の競争と切磋琢磨で質的にも量的にも改善していくことが期待されていた（注6）。NPOは、制度の内側では指定サービス事業者として、制度の外側ではボランティア団体やNPOとして活動の幅を広げようとしたのだ。

この「クルマの両輪」論こそ、まさに新自由主義的な発想のもとでの非営利組織の役割理論だったと言えるが、二〇年間をふり返るとどうなったか。当初は小さく不十分だと思われていた介護保険サービスだったが施行されると利用は急激に伸びた。そこで制度改正のたびに介護報酬やサービス内容の改定が進み、施行当初の一番人気だったホームヘルプサービスは利用が抑制されるようになった。やがて生活支援も廃止され、それにともない介護保険から脱退するＮＰＯ法人も増えてきた。介護保険という制度の内側だけでなく外側もカバーするというＮＰＯの理念は制度の壁にはばまれた格好だ。現状のままでは介護保険サービスの枠内でＮＰＯの独自性を発揮することは難しい。では、ＮＰＯのサービス提供事業者としての役割は今後どうなっていくのか。

現在からふり返ると、新自由主義の考え方を逆手にとり、「新しい自由をふまえた新しい公共」を推し進める道もあったのではないか。ネオリベラリズムの時代背景から生まれてきたＮＰＯや介護保険であったとすれば、その本来の可能性は、ＮＰＯなどが既存の社会制度の枠組みを突き抜けることにより、サービスの質を改善し、量的にも拡大できるということであったはずだ。しかし介護保険制度の仕組みのもとでは、制度の持続や維持が優先される。もともと社会保険として保険料を安定化するための仕組みや多様な事業者を管理運営していくための複雑に設計されたコントロー

注5　社会福祉法人という特別法人は、ＧＨＱの指令された社会保障・社会福祉の国家責任を民間の団体に代行させるための理屈として「公の支配に服する組織」として形成されてきた結果、政府・行政から独立して自己決定・自己統治できる民間の社会福祉組織になり得ていないとの批判があった。

注6　ただしこの制度設計にあたっては行動経済学のいう「市場による道徳の締め出し」の問題は考慮された形跡がない。結果として、介護保険事業の位置づけは、営利でも非営利でも参入できる曖昧なものになった。

ルシステムも内蔵されていた。結果として非営利も営利も同じような「事業者」になっていく。NPOの側もあえて介護保険の制度を踏み越えることはほとんどなかった（注7）。非営利組織の側は、サービス提供での経験を踏まえた介護保険への問題提起がもっとありえたのではないか。理屈の上ではそうも考えられる（注8）。

ほかにサービス提供機能にかんして特筆すべきことは、既存の社会福祉組織には出来ないことを達成してきたNPOや社会福祉組織が一九九〇年代からいくつも現れてきたことである。一九九一年から始まった「宅老所よりあい」をひとつの典型とする民家改造型の宅老所などもそのひとつだ。認知症のデイケアやグループホームのモデルとなった宅老所は、利用者中心のサービス提供の中から生み出された新しい社会福祉サービスだと言えるだろう。「宅老所よりあい」は社会福祉法人の一部だったが、この「宅老所よりあい」をモデルとしてNPO法人の間に、全国的にネットワークが拡大していった。また富山のNPO法人「このゆびとーまれ」は、幼児保育、障害児者、高齢者を総合的にケアする幼老障共生型という新しい方法を開発した。この流れからも「地域共生型」や「全世代対応」という新しい流れが創出された。そのほか「地域密着型多機能施設」や「地域包括ケアシステム」、「子ども食堂」や「ケアする人のためのケア」など、NPOの多様な実践の中から、数しれぬほど多くの新しい活動やサービスや事業が創出されてきた。

〈価値の擁護〉

ＮＰＯによる「価値の擁護」とはどういうことだろうか。通常は「価値の多元化」に寄与すること、社会的マイノリティの文化や活動や価値観を守る役割などだといわれている。しかしそれではあまりに当たり前すぎる。ここで言われている「価値」はドラッカーのいう「ミッション」に近い含意があると考えたらどうか。それは普通に言われる「価値観」以上の「価値」、いわば宗教的な使命感を帯びた価値のことを含意していると考えたらどうか。

米国のＮＰＯはふつう「非政治的、非宗教的」なものであると理解されている。しかし高齢者ＮＰＯのＡＡＲＰを見れば、「非政治的」ということは「選挙活動や政治献金」をしないという意味であって、政治に一切関わらない、政治とは無関係に活動する、という意味ではない。ＡＡＲＰも政策には深くコミットするし、非宗教的とはいってもその出自や由来、創設者の思想や信条には濃厚に宗教的な信念も含まれていたと考えられる。価値の擁護を、違った角度から実践しようとしているのだ。

日本の社会福祉法人にも、キリスト教的な思想にもとづいた法人も少なくない。またお寺が母胎となって保育園や幼稚園を運営する社会福祉法人も少なくない。それにたいして、ＮＰＯ法人では

注7　たとえば厚生労働省による「不適切事例」の通達などに関しても、ＮＰＯ側ももっと本格的に問題提起したり論戦があってもよかったのではないか。それこそサービス提供を踏まえたアドボカシーではなかったか。もちろん実際には困難ではあっただろう。それにはＮＰＯ側も相当な覚悟と意欲をもっていることが必要だった。

注8　小竹雅子『総介護社会』は、そうしたオルタナティブな可能性を考えさせる示唆に満ちている。詳しくは本書の中で後述する。

どうか。あまり表だって「価値」（宗教性も含む）を表現している団体は少ない。しかし宗教的な価値とはすこし角度をかえて「社会福祉の権利」を考えるとどうか。とりわけ障害者の権利などを考えるとどうか。その根拠を考えていくと、それは法律や制度に書かれているからあるものだろうか。

中西正司・上野千鶴子らは『当事者主権』の中で、介護保険における当事者主権性の弱さに警鐘を鳴らしている。社会福祉との関連で言えば障害者の自立生活運動などから形成されてきた「当事者主権」にたいして、高齢者福祉における「当事者性」の弱さ、そこに付随する「パターナリズム」性をどう克服していくかが大きな課題である。難しいが、それが社会福祉におけるＮＰＯの課題にも通じているのではないか（注９）。

〈アドボカシー・問題発見〉

「アドボカシー」は通常「社会的弱者によりそってその代弁を行うこと」、そこから生じて「社会問題を発見していくこと」「政策提案を行うこと」などの意味で使われる。近年ではＬＧＢＴの運動などとも関連してＮＰＯの役割として注目されているところだ。

日本の介護保険におけるＮＰＯのアドボカシーはどうだっただろうか。介護保険草創期の「介護の社会化を求める一万人委員会」などの時期には、積極的で能動的なアドボカシーが全国各地からあがっていた。厚生労働省の政策担当者たちによる『介護保険制度史』をみてもそれは明かだ。しかし同時に、それ以降は、ＮＰＯによるアドボカシーが制度や政策運営に大きな影響を与えた形跡はほとんどない。それはひとつにはＮＰＯ法人などの、介護保険事業者の中に占める割合が一割にも満たないという事情もあずかっていただろう。しかし社会福祉法人や生協・農協など他の非営利セクターの声も大きくは取り上げられていないし、そもそも介護保険事業者の声のみならず、当事者（利用者や利用者家族）の声も、制度改正には、ほとんど取り上げられてこなかった。もっぱら財政上の問題や、事業者の収益の問題、そして介護職の低賃金などの問題が中心だった。当事者や事業者の声がそもそも反映されにくい制度設計であり、当初考えられていた以上に、アドボカシーが発揮されにくい制度設計になっている。そこに課題があるのではないかと小竹雅子は警鐘を鳴らしている（注10）。

〈コミュニティ形成／ソーシャルキャピタル〉

ＮＰＯはその活動により地域コミュニティにおける「社会関係資本」になると言われている。この点に関しては一九八〇年代から始まった住民参加型在宅福祉サービス活動団体の事例がそれを示している。住民参加型在宅福祉サービス活動団体は、ボランティアによる任意団体が中心で、地域のひとり暮らし高齢者などへ生活支援やホームヘルプ活動を行う団体だった。こうした団体をネッ

注９　介護保険制度に参入したＮＰＯにとって「守るべき価値」とははたしてどのようなものであったのか。さわやか福祉財団などは「ふれあい社会」、その薫陶をうけた「たすけあい佐賀」などのＮＰＯ団体は「困った時はお互いさま」や「ふれあい・たすけあい活動」を社会に広めることを「ミッション」にしていた。

注10　これに関しても、小竹雅子『総介護社会』や本書の「介護保険と非営利はどこへ向かうか」を参照されたい。

トワーク化してきたのが「さわやか福祉財団」や「認定NPO法人・市民福祉団体全国協議会」などだった。ほかにも認知症の高齢者のケアに関わる「宅老所・グループホーム全国ネットワーク」や各地に「宅老所」を運営するNPO法人や社会福祉法人のネットワークが形成された。

こうした流れの中で、地域の中で「ふれあい・たすけあい活動」などによって新たなネットワークが形成され、それは新たなコミュニティの形成、社会関係資本になってきたことは疑いない。

いくつか留意しておきたいのは、個々のNPOの「ふれあい・たすけあい活動」などの中ではそれがソーシャルネットワークやソーシャルキャピタルになっているとしても、他のNPOや福祉団体との相互のネットワークや相互関係は、意外なほどうすいということである。NPOの活動は、いわばひとつひとつの島宇宙のようでもあって、NPO相互のネットワークは、じつは濃厚にあるわけではない。その理由の多くは、現在のNPOが活動している制度体系じたいが、官公庁や都道府県などの縦割り事業の枠組みのもとにあることも関係している。またNPOじたい、法人としての歴史は長くても二十年ほどしかなく、創業者のリーダーから次世代へと継承される時期にさしかかっているということもあるだろう。NPOが日本においてもコミュニティ形成やソーシャルキャピタルになれるかどうかは、NPOの世代継承や介護保険外の事業展開、それにNPO相互間のより相補的で相乗的な関係が築けるかどうかにかかっているのではないか。

非営利組織の「経営」はいかにして可能か

ドラッカーの『非営利組織の経営』はじつに問題提起的な書名だった。日本の福祉のそれまでの常識からすると「非営利」であることと「経営」することとは、水と油、本来「ありえない」ことだと思われていた。それが「非営利」と「経営」のあいだに「ミッション」を媒介させることで可能になる、いや必要になると言う斬新な主張だった。ＮＰＯに関する多くの教科書でも、非営利組織は、まさにその「非営利」ゆえの弱点としてコスト意識を持ちにくく、資金や資源の無駄遣いのチェックが難しいとされてきた（注11）。それに対してまさに魔法のように、非営利組織でも経営できる、いや、非営利組織こそ経営すべきだ、という積極的な主張は、多くの非営利組織の実践者や非営利セクターの研究者を驚かせた。でも、はたしてそんなことが可能なのか。

ドラッカーの『非営利組織の経営』を読んでみると、そこには非営利組織の経営の基準やノウハウ、理論やモデルがあるわけではない。むしろ非営利組織のリーダーの直面した問題とその解決のエピソード集というべきものである（注12）。非営利組織のリーダーとドラッカーとの対話を中心とした組織改革の事例集や問題提起ではあるが、これを読むとはたして非営利組織の経営が出来るようになるものだろうか。

むしろこう考えるべきではないだろうか。米国の非営利組織は、その基本は掲げた「ミッション」

注11　[Powell & Steinberg 二〇〇六] 等を参照。
注12　そもそもドラッカーの『経営論』（ハーバード・ビジネス・レビューの編集による論文集）も、内容的には理論やモデルの構築ではなく、「経営者の使命」「大企業の使命」といった経営に関する心構えや精神を説くものが中心で、「経済人を超えて」「経営者の真の仕事」とは何かトップ経営者に向かって呼びかけるものであった。いわば経済や経済学ではなく、経営者の「ミッション」意識を高めることがドラッカー「経営論」の中心課題なのだ。

を達成するための組織である（注13）。ならば非営利組織に「ミッション」があること、その「ミッション」の遂行のための組織であることこそが、米国の非営利組織を「経営」するためのクリティカルな条件なのではないか、と。どういうことか。

日本のＮＰＯや社会福祉法人、公益法人にもきちんと定款の中に書き込まれた「ミッション」が掲げられているではないか。米国と日本とでどこが違うというのか。そういう声もあろう。説明が必要だろう。ここから先は問題提起、一種の理論的な作業仮説であることをお断りしておく。

米国における「ミッション」という言葉の含意を考えてみたい。語義をみると「一　使節。また、使節団。二　使命。重要な任務。三　キリスト教の伝道。布教。宣教。また、伝道団体。伝道組織。」とある。キリスト教起源の概念であることは明白だ。ここですこし勇気をだして跳躍してみたい。米国におけるＮＰＯとは「教会のような協会」でもあると考えられないだろうか。これにも少し説明が必要だろう。米国のＮＰＯ定義によれば、それは非政治的組織、非宗教的組織であるともされているからだ。この場合、宗教活動をする宗教法人にはより手厚い法的保護があるのだから、ＮＰＯはそれ以外の非営利活動をするための組織であるとの含意もある。しかしだからといって宗教性をもってはいけないとか、無宗教的であれとも言ってはいない。つまり「非営利」の組織は、宗教と絶縁した組織ではないし、宗教性が禁止された組織でもない。ただそれを目的とした組織であってはならないと言っているだけだ（政治についても同じことが言える）。

近年、パットナムらの大著『アメリカの恩寵』などで、あらためて注目されているのが米国社会の宗教性の強さだ。さかのぼって考えてみるとパットナムの「ソーシャル・キャピタル」という概念は、たんに地域に内在する社会関係資源ではなく、むしろ意識的に形成される社会関係、もっといえば宗教性のベースとともにある社会関係でもあったのではないか。そう考えるほうがパットナムの仕事の一貫性からも理解しやすい。こうした文脈をふまえると、やはり米国のNPOは、宗教的なバックボーンのある環境（もちろんキリスト教に限らない）のもとで活動している市民活動という側面がある。一例として米国の巨大な高齢者NPO組織であるAARPを考えてみたい。この団体は「高齢者による高齢者のための高齢者団体」として始まり、米国に存在しなかった公的な医療保険の代替として、NPOによるグループ医療保険を実現して成功をおさめた。その会員数や資金力をもとに全米の議会において高齢者のための政策や施策をウォッチドッグするなど、高齢者のための利益団体・圧力団体でもあった。巨大で高齢者の利害しか考えない団体だとして強い批判を浴びたりもしてきた。しかしそれだけではないのだ。その起源や歴史をみれば創設者のエセル・パーシー・アンドラスはじめ、エイジズムや貧困に苦しむ高齢者のための普遍的な連帯をつくろうとしてきた側面を見逃せない。しかも人種や性別、文化や地域を越えて高齢者であることを唯一の連帯基盤とする普遍的な共同性をつくろうとしてきた。こうしたシニアムーブメントの結果として米国では「定年制度」（「定年」というのは年齢を理由とした強制退職制度というのが米国での理解だ）が「年齢差別」として撤廃されることになった。つまり高齢者のためのアドボカシーを行うという「ミッション」性には強い宗教性が刻印されている。AARPを巨大で自己中心的なシルバー事業体や圧力団

注13　もちろん例外は多数あるだろう。しかし少なくとも典型的なNPOのエッセンシャルな部分には「ミッション」性が濃厚だ。

体として見るだけでは不十分なのだ。すくなくとも創立者の意識の中では、教会ではないが高齢者のための世俗の教会のような社会連帯組織であることがめざされている。それを「教会のような協会」と言ってみたい。

つまりこういうことではないか。ドラッカーが「非営利組織の経営」が可能だし必要だと自信をもって言えるのはなぜか。それは彼の想定している非営利組織が「ミッション」をもち、その実現に向かって強くコミットする「伝道組織」のような特徴を帯びているからなのではないか。だとすれば「ミッション」を実現するために様々なマネジメントが必要になる。つまり「営利」性とは切り離して「経営」として考えることができる。そういう論理ではないだろうか。

逆に言えば「ミッション」が定款にはあるがお題目だったり、成員がそれに強くコミットしていないような場合、非営利組織を「経営」しようとするほど営利組織的な方向へと向かってしまうのではないか。「経営」には目的が必要だが、ミッションの達成が目的でないとしたら、収益や組織の存続こそが目的になってしまうからだ。

介護保険以前の、措置時代の高齢者福祉では、社会福祉法人は、ドラッカーの言うような「非営利組織の経営」の努力を必要とされていただろうか。社会福祉法改正以前の時代にあっては個々の法人が独自の「ミッション」をもって独自の活動を行うことは抑制されてきたのではないだろうか。「運営せよ、経営するな」という行政指導がなされてきたのではなかった。

ところが介護保険以後には環境が一変した。営利法人等、様々な参入団体との競争圧力にさらされ、社会福祉法人もＮＰＯ法人も、否応なく「経営」を迫られることになった。こうした日本の環境のもとで非営利組織が「経営」しようとすると、それは「ミッション」を最大限合理的に遂行しようとするような「経営」にはなりにくい。むしろ営利法人にならった合理的な「経営」、人件費や経費の合理的な管理や「内部留保」などにつながるような「経営」になっていってしまうのではないだろうか。これはあくまで仮説モデルなのだが。

日本の非営利組織は将来的にドラッカーの言うような「経営」を行うことができるだろうか。「経営」の前に、「ミッション」への深いコミットメントがなければ、「経営」はむしろ「非営利」を「営利」に近づけていく作用となって現れてしまうのではないか。経営すればするほど非営利から遠ざかっていくというジレンマが生じるのではないか。

政府と非営利組織の「協働」はいかにして可能か

レスター・M・サラモンの著作が、日本に与えた影響力は絶大だった。どうしてか。思うに新自由主義的な政策動向の中で、政府とNPOとの協働（パートナーシップ）というテーマは、政府にとっても、NPOにとっても、双方にとって折り合いがよく、分かりやすく、取り入れやすかったからだろう。しかし分かりやすく見えるからこそ、ほんとうは分かりにくいことではなかったか。

法律や制度、政府や行政のあり方、それに価値観や宗教性、市民社会のあり方など、すべてが異なった異世界である米国のNPO制度が、なぜこれほどスムーズに日本に入って来ることができたのか。ひとつには「行政とNPOとの協働」や「政府と民間とのパートナーシップ」が，米国でも非営利セクターの中心的役割であるとするサラモンの主張が、NPOにとっても政府・行政にとっても、耳に心地よく分かりやすかったからだろう。ただこの分かりやすさにこそ落とし穴があった。「政府と民間との協働」という概念は、同じに見えてじつは大きな落差がある。どういうことか。

サラモンの学問的系譜をふり返ってみると、カーター政権における予算局次長の経験から、レーガン政権での大きな政策的転換に問題を感じて非営利セクター研究に入り、ジョンズ・ホプキンス大学政策研究所で教授をつとめてきた。つまり連邦政府の行政官としての経験から、彼の非営利セクター理論は形成されてきたのだ。政府にとって非営利セクターは重要なパートナーであるという理論的な前提がある。そして彼の福祉とNPOについての理論モデルは、ラルフ・クレーマー（Ralph Kramer）の英国と米国の福祉供給における「Voluntary Agency」モデルを受け継ぎながら、ニール・ギルバート（Neil Gilbert）の「福祉の市場化」モデルを応用・拡大したモデルであると考えられる。それは既存の福祉システムを否定するものではない。非営利セクターとの協働を可視化することによって分かりやすく応用しやすいモデルにしたのだ。だから影響力は米国のみならず世界的に大きかった。冷戦後の世界が必要としている一歩先のモデルがそこにあったからだ。米国が建国以来、無意識のうちに行ってきたモデルであり、レーガン時代以前にはそれが機能していたモデル、それをもういちど機能させようというサラモンの主張は非営利セクターのみならず政策当事者にとっても分かりやすく受け入れやすかった。とくに冷戦終結後のネオリベラリズムの考え方が政策的に強くなった時代にあっては。日本でも「政府や行政とNPOとの協働」というテーゼは時代の流れにそった当然の前提のように受け入れられた。しかしここに落とし穴があった（のではないか）。

サラモンの主著『Partners in Public Service』（一九九五）を見てみよう。そこで中心的に述べられている理論モデルは「第三者による政府（Third Party Government）」モデルと呼ばれている。これは分かりやすく見えて分かりにくいモデルなのである。それはどのようなものか。「急速に膨張する連邦政府の事業の規模」を安定させるために「直接的な政府から間接的もしくは『第三者機関による』政府への転換」をすることだとされる。つまり「連邦政府が自ら政策の指揮を執るという状況から、目的の達成にあたり様々な『第三者機関』に徐々に依存する状況への転換が生じた」ことが前提となっているという。ここまでは分かりやすいが、この分かりやすさが理解を深めていく上での障害になる。ここから先は注意を要する。この「第三者による政府」という複雑なシステムのもとでは「公的資金の支出や公的権限の行使をめぐる自由裁量権を第三者機関の実務者とかなりの程度共有しあう」ことになるという。ここは日米で大きな違いがある。いくつかの具体的事例をあげながらサラモンは「連邦政府は管理上の役割を果たしているが、自由裁量権のかなりの部分を非政府もしくは連邦政府以外のパートナーに委ねている」というのだ。「政府活動のこのような形態は、政府の機能を連邦政府と州政府とで分担すべきとする米国憲法の構造を反映するもの」だという。その結果「第三者機関による政府は、対立しあう視点を調停し、国家の行政機構を不当に拡大することなく、一般の福祉事業を促進する上での政府の役割を増大する手段」となっているという。そして「民間非営利組織は、第三者機関による政府というシステムに最も無理なく関わることのできる機関の一つである」とし「第三者機関による政府という概念は、階層制の官僚主義的な機構という従来のイメージとは異なり、公共の機関と民間の機関とが広い範囲にわたって責任を分担し合い、アメリカの福祉国家の特徴でもあるが、国家の役割と民間の役割を幅広く融合させる」という。これは「公共行政の職務がかなり複雑化し、アカウンタビリティーに対する義務や管理の点で実務的な問題が派生するのは事実である」としながらも「巨大な公的官僚体制を作り出すことなく、公的機関を生み出すことができる」という（サラモン一九九五＝二〇〇七　邦訳　四八―五一頁）。

サラモン理論の中核なので少し長く引用した。ここでは一見平凡だが非凡なことが語られている。さらっと述べられているが、米国以外ではなかなか起こりそうもないことではないか。エッセンスは「政府が第三者機関に自由裁量権を与える」ことによって協働が可能となり「第三者による政府」という新たな「公的機関」を生み出す、というところにある。これが「第三者による政府」の要諦なのだが、これは「政府でない政府」いわば「政府以上の政府」を作りだすことではないか。言い換えれば、福祉を供給する場面において、連邦政府はリアルな実体から「第三者による政府」という非営利組織との協働体に脱皮しているというのだ。一読だけではここに内在する含意が十分読み取れないかもしれないから、もうすこし考えてみたい。

この「第三者による政府」が成立しその一部としての非営利組織に「自由裁量権」が与えられなければ、政府と非営利組織との協働（パートナーシップ）というモデルの実質はないに等しい。サラモンは『Partners in Public Service』の中では、「第三者による政府」の生成というモデルを示しているが、近著のなかでは「バーチャル政府」とも表現している（注14）。つまりこういうことではないか。連邦政府も、非営利組織も、それまでの組織という外套を脱いで「バーチャルな存在」になること、いちど既存の組織実態からバーチャルな存在へと転換することが協働（パートナーシップ）

の前提である、と言っているのではないか。

もしリアルな組織実態のままであったら、政府とＮＰＯとが関係を取り結ぶとしても、互いに別々の主体としての契約関係となる。つまり「二者関係」のままである（対等であるかどうかは別として）。当初の担当者はＮＰＯに理解があったとしても現実には、組織の中では人事異動があったりして、やがて関係者は移っていく。そうした中での「二者関係」としての契約や協働であるとすれば「自由裁量権」はやがて縮小されていくだろう。長期的にみると「アウトソーシング関係」からしだいに「使役関係」や「下請け関係」ついには「支配―被支配関係」に収斂していってしまうのではないか。財源をもつのはどちらであるか、法的な権限や責任がどちらにあるか。それは明かではないだろうか。

そして日本で起こった「協働（共働と書かれることもある）」の実態は、まさにこのように進んできたのではないだろうか。サラモンの述べるところによれば、自由裁量権がなければ、非営利組織が非営利組織らしく働くことはできない。それは「第三者による政府」がバーチャルにせよ成立しているからだ。だから、たんに言葉上の「協働（パートナーシップ）」ではなく、協働から始まって「第三者による政府」なるものを作り上げていく上向する理路が必要なのだ。

サラモンの「第三者」という概念に秘密があるのではないか。日本での「第三者」は消極的な概念である。それは当事者ではなく傍観者、つまり間接的な関係者にすぎない。行政府が第一者、非

注14　レスター・Ｍ・サラモン『フィランソロピーのニューフロンティア：社会的インパクト投資の新たな手法と課題』（二〇一四→二〇一六）

営利組織が第二者であるとしたら、そのさらに外側にいて監視している機関などが「第三者」のイメージであろう。それは当事者ではなく、客観的な立場から「二者関係」を見守りながら適正な実行がなされているかを監視監督する役割であり、直接のアクターではない。また「第三セクター」という言葉もある。この場合の「第三」は、政府・行政によって作られた組織という意味になる。行政府の必要に応じて、行政府によって作られた、行政府のための組織。それが日本の「第三セクター」である。行政府に従属する当事者能力に乏しい機関というイメージとなる。このようにこれまで日本では「第三者」には積極的・能動的な意味は、ほとんどなかったと言える。そうした文脈でサラモンの「第三者による政府」を理解しがちなのだ。

しかし米国ではどうだろうか。日本と大きく異なった含意をもつのではないか。「第三者」はむしろ「二者関係」よりも上位の主体、現実の「二者関係」をスーパーバイズする、より上位の主体としてイメージされる。「二者関係」をより上位から眺める視点入ってきた場合が「三者関係」である。どういうことか。

私たちの現実的な日常には、ふつうは私たちと他者との間の「二者関係」しかない。しかし、この現実世界を成り立たせている、より普遍的で超越的な存在者のレベルを常に意識し考えるのが米国である。それこそが米国の建国以来の精神でいえば、政府や市場や組織や人々をより上位の超越的な立場から見守る上位概念、端的にいえば神の視点ということになる。そう考えてみると、日米でのいくつかの根本的な違いが解けるように思うのだ。

「第三者による政府」には現実界における「政府」よりも上位の政府という含意があるのではな

いか。もちろんこれは私の解釈である。しかしサラモンのいう「第三者による政府」、それを現実界における人間だけがつくる「二者関係」以上のレベルの政府である（したがってそれは仮想的な政府である）と考えると、ここには重要な問題提起があると思われる。

サラモンが非営利セクターを研究し、非営利組織と非営利セクターの理論をめざした当初の思いをたどれば、政府や政権が変わるたびに、政府と非営利組織との関係がリセットされたり変更されたり消滅したりされてはかなわない。それは「法の支配」ではなく「人の支配」である。それでは公共世界が私的関係に支配されることになる。サラモンは、当時の政権による恣意的な操作への反対根拠として「第三者による政府」を提唱したのではなかったか。こう考えると「第三者による政府」概念には、現実界における政府役割への批判的な含意だけでなく、まだ実現されていない非営利組織や非営利セクターの未来の役割まで含まれているのではないだろうか。

福祉とＮＰＯ――その理論的課題

「第三者による政府」は、はたして日本でも可能なのか。そもそも米国以外のどの国にありうるのか。いや米国ですら、本当には実現していない理念的なモデルではないか。

これはいかにして可能なのだろうか。それを可能にする条件とはなにか。それこそ福祉とＮＰＯ研究の重要な課題ではないだろうか。

日本のＮＰＯ研究の二〇年をふり返ると、次のようになるのではないか。

冷戦終結後の新自由主義の世界的な潮流のなか、しかも超高齢社会化する中で、政府や行政だけでなく、市民団体もその創出や提供に参加しながら、上から与えられる措置福祉でない市民福祉の可能性が、介護保険の創設によって望見された。おりしもNPO法によって市民団体も法人格を取得して介護保険事業者になれるようになった。時代状況は、市民福祉やNPOにとって追い風のように思われ、制度の上からも、ボランティアやNPOが、介護保険へ参加していくのは順当かつ正常進化としての「順接」であると思われた。

ところが、本稿で検討してきたように、そこにはある陥穽があった。日本の政府や制度の中に、「第三者による政府」のような、米国で政府とNPOとの協働を機能させたベースとなる価値観や制度的な基盤が欠けていたことである。それは「現在の政府以上の政府」や「現在のNPO以上のNPO」を、政府もNPOもともに目指すことから生まれてくる第三のバーチャルな関係のはずなのだが。

日本の公益法人や社会福祉法人、そしてNPO法人などに関する政策的な現状は、非営利組織をますます「二者関係」のもとに縛り付け、非営利組織を非営利組織らしくない事業者、アウトソーシング対象にしていってしまうのではないか。それを乗り越えるには、「第三の関係」へのブレークスルーが必要なのではないか。

これからも続いていきそうな新自由主義の政策的動向、人口減少社会や超高齢社会のますますの進行、災害多発時代の到来、様々な社会課題が、政府だけでも、市場だけでも、解決が不可能なことを示している。大きな社会課題に直面して、ますます政府や行政によるコントロールを強めていくのが現状だとしたら、それはますます「二者関係」のもとに民間の活力を抑制していくことにほかならない。ＮＰＯ理論が教えるところ、現状を超えるためには、従来とは異なった発想が必要だ。そのひとつが「第三者による政府」モデルの中にはあるのではないか。

災害時における社会福祉法人やＮＰＯの役割は何か

この三〇年間、私たちは数多くの震災や災害におそわれ続けてきた。昭和の時代が戦争の時代だったとすれば、平成は災害の時代だったという説もあるくらいだ。でも災害からの復興とは何か―考え始めると単純ではない。ここでは非営利組織（社会福祉法人やＮＰＯ法人など）に限定して論を進める。

「ショック・ドクトリン」という現象がある。大事故や大災害をきっかけに、それまで進められなかった事業や政策が一挙に進められる「惨事便乗型資本主義」という危うさを述べたものだ。日本で起こったことはどうだったのか。むしろその逆である。大災害に遭ってもそれまでの制度や仕組みが変わらなかった。小熊英二が東北大震災からの復興過程を調査して指摘したのは「経路依存」の問題だった。それは古典的な「たてわり社会」の別名だろう。災害や社会の大変動が起こってもなお「たてわり」や「経路依存」が続く社会。それが社会の閉塞感とやり切れなさ、将来への不安をさらに加速しているのではないか（もちろん「惨事便乗型資本主義」が良いと言っているのではない）。「レジリエンス」という概念は、元の形に戻ろうとする復元力、ポキリと折れてしまうのではなく、ねじ曲がりながらもゆっくりと粘り強く回復していく力を言う。それは非営利組織が目指しているものに近いのではないか。目立たないけれど「社会」を下支えする力、現下の社会の窒息に風を送るのが「非営利」の役割や機能ではないだろうか。

日本の災害と福祉の特徴──その「経路依存」

災害と福祉は似ている。外部からの「支援」を必要とするという意味でそれは似ている。そして「支援」のあり方に様々な問題や課題、ジレンマやパラドクスが含まれている点も似ている。災害でも福祉でも、その支援の始まりは「贈与」として行われることだろう。しかし一方的な贈与は長続きしない。本当に必要なものを贈与しているのかどうか、緊急時をすぎたあと、次第に双方に懐疑が生まれてくる。受け取る側も贈与はしだいに押しつけのように感じられてくる。そして一方的な贈与は「受け取ってもらえなくなる」。「贈与のジレンマ」あるいは「贈与のパラドクス」と呼ばれる現象が起こるのだ（注1）。

「贈与」でない「支援」とはどんなものなのか。唯一の正しい「支援」があるわけではない（注2）。時代や社会や個人のニーズの変化に応じたものに更新されていかなくてはならない。しかも災害や福祉の必要性は十分に準備したあとにやってくるものではない。ある日突然、何の前触れもなくやっ

注1　この問題に徹底的にこだわったのが、仁平典宏『「ボランティア」の誕生と終焉』（二〇一一）である。
注2　「支援」という言葉や考え方にも「パターナリズム」が含まれている…そう考えていくと支援のあり方については無限ループのような「解のない世界」に入り込んでしまうのだが。

てくる場合がほとんどだ。だから災害からの復旧や復興も、社会福祉のあり方も、災害以前の時代に作られた法律や制度に沿って行われることが多い。そして法律や制度は、それを担う官庁や地方公共団体の所轄がある。そういう意味で「制度依存性」と「経路依存性」が両者にはある。

阪神・淡路大震災（一九九五）および東日本大震災（二〇一一）が顕在化させた災害復興の問題点とは何か、それは介護保険制度（二〇〇〇年から）の改正の歴史が示したことや問題点と重なる点があるのではないだろうか。

こういう問題意識で災害と福祉の研究をサーベイしてみると、小熊英二・赤坂憲雄編著『ゴーストタウンから死者は出ない—東北復興の経路依存』（二〇一五）は近年の研究の中で出色の出来なのだ。これは多くの著者たちが東北大震災のあとの復興過程をていねいにフィールドワークしながら、公共事業中心の復興政策を批判的に検証した論文集である。とりわけ第一章の小熊英二の論文「ゴーストタウンから死者は出ない—日本の災害復興における経路依存」が、戦後日本の災害復興の歴史を概観し、その災害復興スキームが、現在では時代遅れになっていることを指摘した、すぐれた論考である。まずは小熊の論考を要約しながら、その問題提起を聞いてみよう。

三・一一から四年たった二〇一五年の時点で小熊は日本の災害復興の特徴と問題点を次のように整理している。「第一に、復興の主体は、地方公共団体の行政機関である。まず地方公共団体が支援と復興にあたり、不足の場合には中央政府が補助金などで支援する」という重要な特徴を見いだす。それに協力する民間団体が、日本赤十字社、町内会、自治会、消防団などで、こうした政府公認組織が重視されてきたことを指摘する。ここまでは従来言われてきたこととそう大きな違いはない。重要なのは次である。「第二に、復興支援の対象は、被災者個人ではなく地方公共団体である」こと。ここで虚を突かれる。意外な、しかし重要な論点である。われわれは、大規模な災害支援が行われてきたのだから、被災者が第一に救済されたのだろうと思いがちである。そのための税金や寄付金ではなかったのか。じつはそうではなかったのだ。国による災害復興の法的な枠組みは、被災した地方公共団体への支援だったのだ。そして被災者個人の住宅再建などは、基本的に個々の自助努力とされてきた。つまり被災した人たちの生活は復旧も復興も困難で、被災した地域の住民の生活は大きく変わってしまうのだ。これは阪神・淡路大震災でも起こった現象だが、東日本大震災では極めて深刻に大規模に起こったという。「第三に、住民参加による地域社会の総合的な回復力（レジリエンス）の強化よりも、建築物による物理的な防災が重視された」ことである。これは日本の災害復興に関する法律の精神が基本的には発展途上国型のもので、国主導の公共事業による復興という枠を脱していないことからくるという。くわえて二〇〇五年の市町村合併によって市町村の職員が減り、地域のニーズをくみ上げながら復興施策を作ることが、人員的・能力的に困難だったせいもある。必要かどうか住民の声を聞かずに巨大な防潮堤などが作られていく。「第四に、均質性を重視したこと」で、仮設住宅などに基準が設けられ、どの地域でも一定の均質性が要求されたことにより、多額の公金を投入した仮設住宅なども数年で取り壊しとなり、無駄が多い。「こうして一九六〇年代初頭までに、日本の災害対策スキームは完成した」という。

この復興政策の枠組みが硬直化し実態にあわず機能しなくなったことが明らかになったのは一九九五年の阪神・淡路大震災からだと言う。問題点の詳細を小熊は論文の中に具体的に列挙している。要約すると、かつて機能したスキームも、時代や社会が変化する中で、現代の災害復興に合わなくなっているということで、とりわけその「経路依存性（path dependence）」に問題があることが指摘されている。重要な論点である。どういうことか。

「経路依存」とは、過去の制度や政策決定が硬直したまま続いており、時代や状況の変化に不適合になっているにもかかわらず、柔軟な対応ができない状態をさす、と説明されている。具体的には国や地方公共団体の省庁や部局の縦割りによって事業が分断されて総合的な復興対策にならないことや、本来の復興という目的が忘れられて、ただ事業の執行のみが優先されるなど、住民の生活や地域コミュニティの再生などが忘れられていくことなどがそれにあたる。

さらに重要なことで復興事業の最大の問題点は「被災者への直接支援」がないことだという。「日本政府は、緊急支援や公共資産建設は行うが、個人の住宅再建支援は自助努力だという原則をとってきた」。これにたいして阪神・淡路大震災のあと、作家の小田実らを中心として「被災者への直接支援」が求められてきた（先進国で被災者への公的支援がない国などない、という）。その結果きわめて限定的な「被災者生活再建支援法」ができたが、少額かつ限定的なものにとどまった（復興予算一六兆円のうちわずか一・三％だという）。こうなった理由は「住宅再建などへの支援は税を使って特定個人の資産を形成することになり、法の下の平等に反するという論理だった」という。この論理は「焼け太りは許さない」と表現されることもあったらしい。分かりやすい論理だが、少し考えていくと分からなくなってくる論理なのだ。「被災地は支援するが被災者個人は支援しない」（注3）となるといったい復興や支援とは誰のためなのか、人間を支援しない支援、それは支援なのかという問題につきあたるのである。いずれにせよ結果として被災地の復興の基盤となるはずの被災者の生活そして住宅の再建の前に大きな壁がたちはだかることになる。他方で、巨大な防潮堤や人びとが住むかどうか分からない土地への盛り土などの公共事業に公費がつぎ込まれる。結果として「公共事業」は進むが「復興」にはほど遠い実態が生まれる。「人が住まなくなった、あるいは人が住めない土地」に巨額の公共事業が投入されているのである。

こうなってしまった理由として小熊は、次の四つをあげている。「第一に、復興事業が、公共事業を推進しやすい抜け穴になっている」ということ。新規事業なら環境アセスメントが必要だが、復興事業なら不要なことなど、多くの抜け穴があるようだ。「第二に、市や町の行政は、県や中央政府の意向に逆らえば、補助金を削減されるという危惧がある」こと。これでは自発的な参加や意見を持ちにくい。「第三に、地方公共団体のマンパワーの不足と過労」がある。二〇〇五年の市町村合併で職員が削減されていたうえ、津波で多くの職員が被災したり亡くなったりしていたのである。「第四に、住民の意思が行政に反映していない」。住民の意見や意向を述べる機会が少ないうえに県や市の復興計画に反対した意見があると事業や計画が進められないから、住民の意思を反映しないまま事業が進められる。結果として経路依存がますます強まる。

注3　この問題は、熊本地震のさいにも再現された。ボランティアは、被災地の後片付けなどは支援すべきだが、農家の農作業の支援はすべきではない、という話が出たのである。老人ホームから派遣された職員が被災した老人ホームで利用者のケアを支援したときにも、同じ問題が議論された。公的機関が、はたして個人を支援すべきなのかどうか、議論が整理されていないのである。

こうして復興事業は外部からの一方的な支援になっていく。「しかし、不適切な援助は依存を生み、地域の自律性を損なう」という。当然だろう。関東大震災の頃は公共事業が社会発展をうながしたが、近年では「インフラ整備は費用対効果がうすく、かえって地域市の自律性を破壊し、衰退と公共事業依存を生み、人口流出を招くことが多くなった」というのもうなづける話だ。

これらの根本原因は「日本の災害復興のスキームが、個々の被災者を支援するものではなく、国が被災自治体などの行政機関を財政支援し、公共事業を行うためのもの」だからだという。地域社会のレジリエンスの育成が必要なのに「日本の現状では、レジリエンスは『国土強靱化』と訳され、自然現象を構造物で食い止めることに偏重しがちである」。

だとすれば「とって変わるべき原理は何か。それは、被災者の直接支援であるべきだ」という結論が導かれる。制度全体を再検討すべき時期に来ているというのだ。これが小熊らの、東北大震災を検討した結果導かれた重要な結論だ。これを受けて、災害と福祉とレジリエンスについて考察してみたい。

災害と福祉の「経路依存」と「制度依存」

小熊らによる東北大震災の復興過程の分析を読むと、福祉の世界の現代的な課題とオーバーラップして見えてくる。災害復興で指摘されている問題と、福祉の世界の課題とが重なって見えてくるのだ。どういうことか。

小熊らのいう復興事業の「経路依存」と福祉の世界での「制度依存」とを考えてみたい。両者は似ているが微妙に違っている。福祉の場合には、必ずしも数多くの省庁が関わるわけではなく、主として厚労省なので、「経路依存」というよりは「制度依存」といったほうが的確かとも思うが、その問題の本質的な部分は変わらない（注４）。こういうことである。社会福祉の世界は、法律と制度による「経路」ががっちりと作られている。社会福祉の業界は法律と制度と政府行政による規制で固められた世界でもある。様々な社会福祉事業、その事業がゆるされる法人の種別の限定、そして社会福祉法人の管理や経営の監督権限など、法律や制度でかなり厳密に定められており、自由度はかなり限定されている。制度が事業者の自由度を制限している。その功罪はあろう。しかし制度が定めているがゆえに、貧困や障害や社会的弱者などを、家族や近隣など人間関係やその意向とかかわりなく、市場原理とも独立に、生存権や人権を守るために発動することができる。いわば「制度」と「経路」が確立しているがゆえに社会福祉の制度は機能しているとも言える。そしてこれが社会福祉制度の強みであると同時に弱みでもある。法律や制度そして財源の裏付けのないことは出来ないからである。事業者の裁量権も限定されている。それが措置時代の高齢者福祉の大きな弱点とも言われてきた。行政の「措置」がなければ社会福祉は発動せず､対象となる人たちには「権利」があるわけでなく「反射的利益」があるだけだとされ、限定的で窮屈な制度でもあった。それは介護保険制度が日本独特の複雑な財源構成による「社会保険」として誕生してきた所以でもある。措置制度としての社会福祉という「経路」からの脱出は、住民参加型在宅福祉サービス活動から

注４　もちろん福祉を広く居住問題までふくめて考えれば、厚労省だけが所轄しているわけではない。近年では「サービス付き高齢者住宅」や「居住支援法人」が国土交通省の所轄で厚労省の領域とオーバーラップしている。

発展したボランティア団体や介護系ＮＰＯなどの参入を可能にしたが、その結果、制度の枠外での活動は大きな制約を受けることになった。本書の他の章で詳しく論じたことである。制度が出来たから新しい団体や組織が活動を始めることができた。しかしその制度が「経路」を狭め、団体や組織に「制度依存」性を作り出していく。福祉の現場のニーズではなく、制度やルールを見ながらサービスが提供されるようになっていく。「制度依存」の逆機能である。

さらにもう一歩進んで考えてみると、次のような類似にも気づく。災害復興の支援が、被災者個人への支援ではなく、被災地域（市町村）への支援だということに類似した現象が、熊本地震での外部からの支援を調査した私たちには見えたからである。どういうことか。

災害時における福祉施設への支援では、施設への支援（被災した特別養護老人ホームなどへの支援）や業界団体どうしの支援（県をまたいだ老人福祉施設協議会どうしの支援、社会福祉協議会どうしの支援など）は、活発に行われた。しかし被災した個人への支援はどうだったか。そこには問題や課題が残った。たとえばこうである。県と災害時支援の協定を結んだ老人福祉施設協議会の施設などは、国・県・老人福祉施設協議会のタテ型の統率のもとで、被災地の施設への介護職員の派遣などをかなりの規模かなりの期間にわたって行った。これなどは「経路」がしっかりと定まっていたから枠組みにそって支援が行われたことのプラス効果であったろう。しかし反面では、老施協に加盟していない施設、有限や株式会社で運営されている施設などへの派遣はどうだったか。社会福祉法人以外の施設への支援に「経路」があったかどうか、十分な支援は行われただろうか。また、職員が派遣されて利用者への直接介護などを提供した場合、介護保険から支払われる介護報酬は、どちらに配分されるべきなのか。職員を派遣した施設は無償での支援になったが、支援を受けた側は通常の介護報酬を請求した場合もあったらしい。そこには曖昧な部分も残ったようだ。ボランティアとしての支援なのか、業務としての支援なのか、法人としての支援なのか、個人としての支援なのか。そして支援対象も、個人への支援なのか、法人への支援なのか、地域社会への支援なのか、それは制度的に裏づけのある支援なのか、そうでないのか。考えるほどに曖昧模糊としたグレーゾーンが膨らんでくる。そして、それら明確にしようとすると、とてつもなく分厚いマニュアルや指示書を作ることになってしまうだろう。熊本県の多くの部署や市町村の多くが、震災後、そのような「災害対策マニュアル」の作成を行ったときく。しかし、本書でも検討しているように、そのような「災害対策マニュアル」は、いざ災害が起こったときに役立つものなのか。マニュアルを策定した人たちは、すでに移動して、マニュアルがどういうものなのか知らない人たちに交代しているかもしれない。発災時にマニュアルがどこにあるか分からないかもしれない。そもそも発災時に、冷静にマニュアル通りに人間が動けるものなのだろうか、等々。

災害と福祉とレジリエンス

「レジリエンス」は回復力や復元力と訳される場合が多い。復旧や復興となじみやすい概念だ。それは主体の側が本来もっている潜在力や活力が、災害などで一時的にダウンしている場合に、外部から支援して、本来もっている回復力や復元力によって、もとの元気さを取り戻す、という含意をもっている。

だから小熊は「復興事業の経路依存性」によって、被災地や被災者がもっていたはずのレジリエンスが失われる、あるいは奪われている」状態を、東北の復興過程の最大の問題点だと指摘したのだ。

ここで小熊のいう「レジリエンス」の観点を社会福祉に応用してみたいのだ（注5）。災害と福祉という場合に福祉のもつ強みは、逆にレジリエンスを減衰させる方向に働かないだろうか。

この問題を考える時に、われわれは熊本地震における外部からの支援に関する調査結果を、参考にしてみたい。われわれの調査によれば、福岡県老人福祉施設協議会は、いちはやく熊本の介護老人福祉施設へと介護職員を派遣する支援を行った（詳細は［安立他　二〇一八］と［安立他　二〇一九］）。この過程を検討すると、福岡県と熊本県、福岡と熊本の老人福祉施設協議会の間には、災害時に相互に協力するという協定があったことが分かる。もちろん協定という公式な枠組みの中での支援の前に、インフォーマルな、施設長同士の普段からの連絡やつながりがあり、それが初動支援のきっかけとして重要だったということもあるのだが、いずれにせよ、施設の職員を派遣するということは、たいへんに重い決断であったようだ。余震のつづく災害地へ、ある意味では業務命令として職員を派遣するのである。そこには派遣元の施設の事情も働くし、責任もかかってくる。こうした初動は、自発的なミッション意識であったとも言えよう。やがて老人福祉施設協議会としての決断の部分になると、ここにはかなり経路依存的な部分、制度依存的な要素も重なってくる。そして初期の段階では、福岡の社会福祉法人が、熊本の有限会社の老人ホームを支援したような事例もあったのだが、制度にのっとった支援の段階になると、社会福祉法人による社会福祉法人、福岡県の老人福祉施設協議会による熊本県の老人福祉施設協議会の支援という限定された「経路」になっていくのである。ある意味「レジリエンス」から「経路」を通した「制度的な対応」に変質しているのである。それが悪いことだとは言えない。きちんとした経路や制度に基づかない支援では、数多い施設(今回のわれわれの調査では福岡から八七もの施設が、のべ一七五人もの職員を派遣している)からの長期的な支援(四月から八月までの五ヶ月にもわたる支援だった)は難しいだろう。制度があり経路がしっかりとしていることは、長期的な支援には不可欠のことである。しかし制度と経路がしっかりしているということは、初期段階であった(ありえた)異業種やことなった法人種別への支援が、しにくくなる(できなくなる)ことの裏面でもある。社会福祉法人と医療法人の間や、非営利法人と営利法人との間での支援も、スムーズには出来なくなるだろう。これは災害時のレジリエンスを阻害する方向に働くはずだ。

災害と福祉とレジリエンスは、微妙なバランスの上に関係している。経路や制度がしっかりしていないと長期的な支援は難しいかもしれない。しかし発災直後などの動乱期には、経路や制度よりもレジリエンスのほうが有効に作動するかもしれないのだ。

それは熊本地震のさいには「避難所」と「福祉避難所」との間の微妙なジレンマとしても現れたようだ。本論文の後半でも論じるように、発災のあと熊本学園大学の「避難所」はインクルーシブな「避難所」として機能したが、「福祉避難所」は必ずしもそうではなかったようだ。むしろ福祉

注5　日本社会福祉学会などの社会福祉学系の学会では、ソーシャルワークにおけるレジリエンスや社会福祉とレジリエンスといったテーマでの論文や報告数は多い。本論文では、それらとは違う視点から、つまり制度依存や経路依存に対抗する概念としてのレジリエンスを考えている。

の対象者に限定したため、対象者と家族とを引き離す結果になったなど、「福祉避難所」としては逆機能を生み出してしまった場合もあったようだ。

制度と経路、「レジリエンス」や初動の素早さなどは、ジレンマ関係にある場合も少なくないようなのだ。

レジリエンスと非営利

さて「レジリエンス」についてさらに考えを進めてみよう。「回復力」とはいったい何か、なぜ生まれるのか。また「経路依存」や「制度依存」の状況だと、なぜそれが生まれないのか、阻害されてしまうのか。

「非営利」というキーワードとの関連を補助線を引きながら考えてみたい。レジリエンスと非営利、両者にいったいどんな連関があるというのか。

こう考えられないだろうか。災害や危機に瀕した時に「社会」の中に現れる危機からの回復能力がレジリエンスだとしたら、それは制度や経路に頼れなくなった時に出現するものだ、頼っているかぎりでは現れにくいものだ、と。災害によって法律や制度の想定する範囲外のことが生じた時、レジリエンスが内側から生まれてくるのではないか。ところが小熊の指摘する東北大震災の復興過程では、制度や経路に依存できない（すべきでない）時に依存してしまうという現象が起こっている。小熊の列挙する「経路依存」の負の側面は、経路に過度に依存するがゆえに、本来の適切な道を見失い、自らのうちにあるレジリエンスを喪失してしまう傾向のことだった。福祉における「制度依存」についても、ほぼ同じことが言いうる。介護保険における制度依存については、本書でもたびたびその問題点を指摘しているが、とりわけ災害時における制度依存が問題だった。「避難所」のほかにも「福祉避難所」という制度があるがゆえに、本来、「避難所」として対応すべきだったニーズを、「福祉避難所」のほうに分割して放出してしまったケースがあった。本章の後半で検討する事例などがそれにあたる。

レジリエンスは、追いつめられた危機や、いざと言うときに生まれやすいことが説明されてはいるが、危機時に瀕して確実に生まれることが確証されているわけではない。レジリエンスを積極的にこうだ、と定義することは難しい。可能性はあるが確実ではない—そこにレジリエンスという概念の微妙さがある。ありそうだが確実にあるとは言えない可能性、それがレジリエンスだとすれば、それは危うさをともなった可能性である。そう考えてみると、「非営利」という概念との類似性に気づくことになる。

「非営利」も様々な含意をもつ多様な概念であり、積極的に定義することが困難である。「〜ではない」という消極的な定義になりがちで、非営利セクターの定義を難しくしている。それが統計上の非営利セクターの規模の推定に困難をもたらしてきた。たとえば、たんに収益を上げられず結果的に非営利に見えている、営利に失敗した非営利、という場合などがそれにあたる。また意図とは裏腹に収益があがってしまう非営利もあるだろう。「非営利」は、こういうものだと具体的に限定して定義することが難しいのである。

しかしそれゆえに「レジリエンス」も「非営利」も、時代や社会の変動期や転換期に、新しい可能性を見いだす視野をもたらしてくれるのではないか。災害からの復興を、市場メカニズムや政府の公共事業だけで成し遂げられないのは当たり前ではないか。ところがレジリエンスが生まれる前に「経路依存」してしまうところに東北の震災復興事業の問題点があったと小熊たちは見た。それは可能性が生まれる前に可能性を抑制してしまう。本書が検討している超高齢社会の問題、介護福祉の問題なども類似のことが指摘できるのではないか。

こう考えてみたいのだ。レジリエンスと非営利とは、通底していると。災害復興を、制度と経路だけに頼れないのと同じく、超高齢社会や介護福祉を、制度と経路だけに頼れないのも当然ではないか。だとすると、制度と経路の外に、新しい第三の可能性を見いだしていくことが必要だ。それは制度や経路を不要だとする議論ではない。制度や経路だけではカバーしきれない、新たな問題がたくさん生まれてくるということだ。東北大震災の復興過程が露呈させた問題の多くは、超高齢社会が潜在的にもっていた問題でもある（「地方消滅」的な現実、「限界集落」的な状況、そして地方行政の縮小と産業の空洞化など）。「レジリエンス」という概念は「非営利」とも関連づけて考察していくことが可能なのではないか。

災害と福祉と非営利組織

熊本地震（二〇一六年）を経験したあと、私たちは三年間にわたって、災害時における社会福祉法人やＮＰＯ法人などの役割と機能に関する調査研究を行ってきた。リサーチの中心は、社会福祉法人やNPO・NGOなど非営利組織による被災地の支援の実態や課題、「避難所」と「福祉避難所」との違いやそこから見えてくる課題などであった。

熊本地震直後から福岡県老人福祉施設協議会は熊本県内の高齢者介護施設へと介護職員の派遣を行った。私たちは福岡から熊本へ派遣された施設の職員全員へのアンケート調査（二〇一七年度）を実施した。そこから派遣する側の困難な事情や受け入れる側とのマッチングの問題など様々なことが浮かび上がってきた。派遣する施設も通常の業務を行いながら職員を派遣する。したがって派遣期間や派遣できる職員数などに限界があるのだ。また受け入れる側も初めての経験なので、どう外部からの支援を受け入れたら良いのか分からないという戸惑いも見られた。次に熊本側の視点で、外部からの支援をどう受け入れたか、そこにどんな問題や課題があったのかを調査するため、熊本県老人福祉施設協議会加盟の全施設へ「熊本地震後の外部からの支援の受け入れに関する実態調査」（二〇一八年度）を行った。派遣する側と受け入れる側との微妙な違いがここから見えてきた。被災して外部からの支援を受け入れる施設の職員も「被災者である」ことへの注目や配慮も必要なのだ。外部からの「支援」には微妙で重要な配慮すべき項目がたくさんあることが分かってきた（注6）。並行して被災した熊本の施設への聞き取り調査や、「避難所」を長期にわたって運営した熊本学園大学の関係者へのヒアリングなども行った（注7）。とくに熊本学園大学では、緊急時の「避難所」

注6　これらの調査結果については、すでに安立ら（二〇一八）や安立ら（二〇一九）などが報告し論文を発表している。

注7　安立清史『災害時におけるコミュニティ組織やNPO間の連携や協働のあり方に関する調査研究』（二〇一八、全労済・公募研究報告書）で詳しく報告している。

のあり方と、制度化された「福祉避難所」とのあり方との間に、微妙な違いや様々なコンフリクトがあることが見えてきた。

今回は、この「避難所」と「福祉避難所」との「間」にどのような課題が見えてくるのかを中心として考えてみたい。

「避難所」と「福祉避難所」

阪神・淡路大震災や東北大震災の後のボランティアの活動や、その後の特定非営利活動促進法（NPO法）の成立、介護保険での介護系NPOの活躍など、私たちは自然と「ボランティアとNPOとは順接の関係（ボランティアの団体がNPO法人へと発展していく）」と思いがちである。また「災害時には、社会福祉法人やNPO法人が、被災地支援に適している」と思いこみがちである。しかし、熊本地震のあと、私たちが、現地から学んだことは、時にはこうした「順接」の想定を疑わなければならない、ということでもあった。

もちろん、災害と福祉とは、似ている点も少なくない。ともに外部からの支援を必要とすること、市場ではまかなえない対応やサービスを必要とすること、個々の施設や機関だけでなく、総合的な対応を必要とすること、などなど。

しかし私たちは暗黙のうちに、福祉に非営利組織はよく似合う、福祉こそ非営利組織の中心的な仕事なのだ、災害時にも非営利組織が対応できる、対応すべきだ、と考えがちである。しかしこのように似合い過ぎる場合、現実には「過剰フィッティング」も起こりうる。そこに問題が生じるのだ。どういうことか。

あまりに「お似合い」なので、その間に相克や逆機能が起こることに、あまり注意が払われないからである。あまりにお似合いなので「順接」と思い込んでしまいがちである。しかし実際にリサーチするとそうかんたんな順接関係ではない。むしろ「逆接」の可能性もあるのだ。

その良い例が「避難所と福祉避難所との間」に見られるのだ。

「避難所」と「福祉避難所」との間にある課題

熊本学園大学の花田昌宣教授は、自身被災者になりながら熊本学園大学の「避難所」をリーダーとして運営した。その経験をふまえて「避難所」と「福祉避難所」との違いを分析し、災害時には「福祉避難所」よりも「避難所」のほうが重要であると述べている（注8）。どういうことだろうか。

花田氏は「避難所」経験を踏まえて次のような問題提起を行っている。

第一に、制度化された「福祉避難所」やその運営マニュアル、ＤＭＡＴ（災害時派遣医療チーム）やその他の専門分化された制度的な対応は、すくなくとも災害直後の混乱期にはあまり役立たなかったという。なぜか。制度化された対応システムは、震災という非日常の出来事には即応できな

注８　花田昌宣教授のインタビュー内容については、安立清史の『災害時におけるコミュニティ組織やＮＰＯ間の連携や協働のあり方に関する調査研究』（二〇一八、全労済・公募研究報告書）で詳しく紹介している。

い。制度化された対応システムは、マニュアル通りの対応を求めることになる。しかし制度でどうなっているかすぐには分からない。そもそも被災直後にはマニュアルがどこにあるか、だれが対応主体になるべきか、それすらも分からない。公務員なら異動があって、マニュアルや訓練を受けたとしても、災害時には、もう異動しているかもしれない。制度に頼っていては、緊急時の対応ができないのではないかという。重要な論点だと思う。

第二に、「避難所」と「福祉避難所」を分けて対応すると様々な問題が引き起こされるという。どういうことか。「避難所」なら、障害者も高齢者も認知症の方も、家族とともに受け入れる。ところが「福祉避難所」になると福祉的な配慮を必要とする人だけを、家族から切り離して、受け入れることになる。家族や友人、知人から切り離されて「福祉避難所」に入れられることが、障害者や高齢者や認知症の人たちにとってどんなにダメージになるか。プラスよりもマイナスのほうが大きいのではないか、という。

第三に、インクルーシブ(包摂)とエクスクルーシブ(排除)の問題がある。この対比でいうと、「避難所」は排除の原則であってはならない。避難者をできるだけ包摂して受け入れる中で、障害者や高齢者などには合理的配慮をしながら受け入れていったほうがよいという。「福祉避難所」の発想は、入り口からして排除の原則になる。そうすると家族や地域社会とのつながりも切断されることになりかねない。「避難所」は定義上「一時避難」なのだから、いずれ地域や自宅へ戻っていくことになる。もどっていく先の人間関係や社会関係を一時的にせよ、切断してしまうようなエクスクルーシブ(排除)な「福祉避難所」は、特別な場合にしか機能しないのではないかという。

第四に、福祉的な発想や、医療・看護的な発想が強すぎると「入所・入院・治療」の発想につながりやすい。施設や病院での対応は、入院・入所して専門的な介護や看護や医療を行う専門家への依存、そして生活を管理されることにつながる。それでは在宅への回帰や日常生活への復帰が難しくなるのではないか。

第五に、「ルール化しないことをルールにする」という発想で「避難所」の運営にあたったという。それが結果的には成功したのではないか。「福祉避難所」発想では、できないこと、やれないこと、禁止事項ばかりふえて、生活ではなく入院や入所のようになってしまう。制度や制度化も必要だが、それが過度に先行してしまうと、じっさいの震災や災害時には逆機能してしまう。現場の状況や人びとの必要に応じなければならない時に、制度やルールを先にもちだすことになる。災害時にもっとも必要なことは、現場の状況や人びとの必要に応じて対応していくことだ。自発的な集団の発揮する能力は、制度やマニュアルでは構築できないのではないか。

以上のようなことを花田氏は語られた。これは逆説的に語られた災害時における福祉の役割ではなかろうか。通常は、災害時こそ福祉の出番だ、という発想になる。しかしそういう発想こそ、かえって災害時の多様な現実や人々のニーズに目を向けることを阻害するのではないか。制度化やルール化やマニュアルや仕組みづくりを優先して、それに沿った対応や訓練を行うという発想になってしまうのではないか。それは、災害の実際から離れた発想になる。制度のための制度づくりの発想になる。そもそも、災害時には、福祉という発想、福祉を特別視して切り分けて対応するという発想じたいが、逆機能をもたらすかもしれない。それが花田氏の経験から導き出された警告なのではないか。

災害時における社会福祉法人の役割と機能

福祉の発想、医療や看護の発想そのものが、ごく一部の、治療やケアの対象者のみに、専門特化して対応しようという発想になりがちだ。いわゆる「福祉避難所」発想になりがちだ。しかし災害時には、みなが同じように被災者だ。特定の対象者だけを切り分けて対応する、という発想は、平常時の対応としては機能するかもしれないが、震災や災害という非日常時には逆機能するのではないか。

こうした論点をふまえて、社会福祉法人とＮＰＯ・ＮＧＯとの対応の違いなどにも考察を進めてみたい。社会福祉法人は、民間非営利組織でありながら、政府行政に服して国家の役割を代行する存在という二重性を帯びている。制度の内容を制度どおりに実行する任務と役割を帯びていて、制度の枠を超えた活動は制限されている。しかし民間非営利組織でもあるので、災害時などには通常以上の支援を期待されてもいる。とりわけ社会福祉法人改革以後は、「社会貢献・地域貢献」活動がより強く求められるようになっている。こうした二重拘束（ダブルバインド）状態が、これまで社会福祉法人に「社会貢献しなければならないのに社会貢献できない」という矛盾にもなったと言われている。しかし今回、われわれのリサーチしたところでは、福岡県老人福祉施設協議会の一部のメンバーは、国や県から要請があるよりも前から、自主的・自発的に熊本の施設への職員派遣を検討・準備していた。また一部の施設長は、正式な派遣の前にパイロット的に熊本の施設へ職員を派遣して、状況確認やニーズ調査を行っていた。こうした事実は、社会福祉法人にも内発的で自由に動きながら社会貢献を行おうとする潜在力がけっして失われていないということを教える。そして国や県からの要請後は、多くの社会福祉法人施設が職員を派遣した（必ずしもすべての施設ではないが）。このことも社会福祉法人の中に、災害時の支援のポテンシャルがあることを教えてくれる。熊本へ派遣された福岡の介護職員は、熊本での経験をふまえて今後の災害対策を考えるようになったと述べている。そもそも熊本へいち早く職員を派遣した福岡の施設長たちは東日本大震災への支援に出かけた経験をもつ人たちであった。このような経験の蓄積や継承が、社会福祉法人の社会貢献のベースをなしていくのではないか（注9）。

制度的な対応と自発的な対応

熊本地震でのリサーチから得られた発見や教訓とは何か。ここでは岡村重夫の「制度的福祉」と「自発的福祉」という概念をもとに考えてみよう。

「地域福祉」や「福祉コミュニティ」という概念の提唱者・岡村重夫は、社会福祉には「制度的福祉」と「自発的福祉」の両面が必要だという。そしてその両者を結びつけるものは「社会福祉固有の視点」

注9　ただし今回の我々のリサーチは、介護老人福祉施設を運営する社会福祉法人に限定したものだったので、保育や障害者関係の社会福祉法人については考察の対象外となっている。今後の研究課題としたい。

だという。それは社会福祉の制度や政策に通暁した「制度の専門家」という視点ではない。むしろ福祉の対象者に寄り添い、その立場にたったニーズの発見や対応、そして福祉対象者を地域社会の中で孤立させない配慮、そのための「地域福祉組織化」を行うことのできる専門人材、それが「社会福祉固有の視点」をもった人物像である。もちろん一種の「理念型」である。しかし災害と福祉を考える上で、きわめて示唆的な概念ではないか。

災害時には、制度的福祉と自発的福祉の両面が、別々のアクターとして現れる。熊本地震でのリサーチによれば、前者は、国や行政、社会福祉法人や社会福祉協議会などがその多くを担った。そしてわれわれの熊本県西原村でのリサーチなどによれば、後者の多くを担ったのがＮＰＯ法人やＮＧＯなどであった。モデル化して言うとそうなる。

問題は、両者をつないだり、媒介したりする「社会福祉固有の視点」をもったアクターが少なかったことではないか。外部から支援に入った社会福祉法人や社会福祉協議会は、被災地の社会福祉法人や社会福祉協議会を支援する役割に徹した。はんたいにＮＰＯやＮＧＯは、被災地の社会福祉法人などへの支援にはいることは少なかった。いわば役割分担、機能分担、活動場所の分担があった。いわば自然発生的に「避難所」と「福祉避難所」とができて、それぞれ別々に運営された。

これはある意味自然な棲み分けでもあっただろう。互いの特性や役割を生かしながらの活動ができた。考えたいのはその先である。

岡村重夫の社会福祉原論や地域福祉論は、こうした制度的福祉と自発的福祉の分立ではなく、地域福祉という場でのある種の統合を求めている。制度だけでは不十分だ、自発だけでも足りない。

両者の相乗効果による地域の変革こそが、岡村の考えた「地域福祉」ではないか。だとしたら、「避難所」でも「福祉避難所」でもなく、その先にある理念的な目標は「地域福祉」になるだろう。

制度だけでも自発だけでもない、まだ実現してはいないが、目標概念としての「地域福祉」。それは制度の側からの包摂による「地域包括ケアシステム」と同じことになるのだろうか。花田らの問題提起の発展型としての「避難所」モデルになるのだろうか。むしろ「地域福祉以上の地域福祉」が求められるのではないか。

これまでの経験の教えるところ、過剰に制度化するとがんじがらめの「制度的福祉」になりそうだ。それでは介護保険で経験した「成功なのに失敗」の矛盾を繰り返してしまうことになる。制度的な対応だけでは自発性を枯れさせてしまう。かといって自発性だけで福祉を支えることは不可能だ。災害と福祉を考えていくと、広範囲な問題と地続きであることが見えてくる。

避難と「避難所」のその先は、どこにあるか

「避難所」であれ「福祉避難所」であれ、緊急で一時的な「避難」である。避難が一段落したあと、どうするかが課題となる。その行き先はどこにあるのか。そう考えると災害からの「避難」の問題は、広がりのある普遍的な課題につながっていく。「避難」のあとさき、とりわけ「その後」や「その先」が次の重要な課題だ。それが容易に見つけにくいことが現代社会の大きな課題なのだ。

応急措置や緊急避難の仕組みは、災害を経験するたびに新たな制度や対策として進化し発展し総

合的になっていくことだろう。しかし、避難の「その後」や「その先」は、はたしてどうか。

本書で検討しているように、病気や介護、障害や支援、医療や福祉、人口減少や超高齢社会など、どの場面でも必ず顔をだすのは、応急措置や緊急避難のあと、どうするか、どこへ向かうか、という問題なのである。

認知症や要介護になって施設に入所する。これは「福祉避難所」に似ている。新潟中越地震の後の「避難所」暮らしが特別養護老人ホームの入所暮らしにそっくりだと喝破したのが、新潟県長岡市の「こぶし園」で施設長をつとめていた小山剛氏であった。氏の慧眼は、やがて特別養護老人ホーム等の入所施設の縮小と地域への分散へ向かう。それは「地域包括ケアシステム」の源流になったと言われる。小山氏は「避難」の先、「福祉避難所」の「その先」を見ていたに違いない。それは「避難所」や「福祉避難所」という、避難時の入所や入院という発想の中にいるかぎり、見えないものである。

避難のあとに、生活に戻る。非日常のあとに日常に戻る。それが、災害であっても、病であっても、介護や障害であっても、同じことだろう。そういう直感が小山氏にあったに相違ない。だとすれば「避難所」のあとに生活の回復がなければならない。ところが入院や入所は、それを妨げ、「避難所」生活を長期化させるかもしれない。

災害があれば、病気になれば、障害がおこれば、一度は「避難所」へ「入院」や「入所」が必要になる。しかしそれが長期化して「その先」が見えなくなる時、次なる困難が訪れる。

本書が考察している「超高齢社会というペシミズム」「地方消滅という悲観論」「人口減少社会と

いうニヒリズム」、そしていたるところに見られる「成功なのに失敗」という矛盾に満ちたパラドクス。これらはみな、避難したあと、どこへ向かうか、その行き先が見つからない、という方向感覚の失調に起因しているのではないか。そして居場所を失った心細さの表現なのではないか。

この問題は、「介護を超える〈介護〉はどこにあるか」でも検討した問題である。福岡の「よりあいの森」の村瀬孝生は、それを誰かに教えてもらおうとしてはならない、施設や専門家にまかせきりにしてはならない、可能なかぎりで関わりつづけることが必要だという。そして、これからの施設は「施設に入らないための施設」をめざすべきではないかと問題提起している。『総介護社会』を書いた小竹雅子も、介護保険は問題の「解決」ではない、介護保険に任せきりにしてはならないと言う。とりわけ制度が改正につぐ改正で、介護保険が当初目指していた姿と大きく変わってきた現在では。二人とも、私たちから障害や介護を無くすことが答えではなく、むしろ「介護（や障害など）のある暮らし」を支えることが「介護保険」の、そして社会福祉や社会保障の本来の役割だったのではないか、と問いかけている。

こうした様々な示唆は、災害と福祉、「避難所」と「福祉避難所」から考えてきた問題とも響き合っている。

Ⅲ　日本の超高齢社会はどこへ向かうか

日本の社会保障を不安定にしているもの

社会保障とは何か——たんなる保険や保証ではない。それは社会を支える基盤なのだ。しかし、なぜ現在、それが揺らいでいるのか。思っている以上に深刻な問題だ。ルソーに「全体意思」と「一般意思」という考え方がある。個々人が自分の利害や意見を表出して多数決で決まるのが「全体意思」、そうではなく個々人が自分の利害を超えて「社会」のことを考えると出てくるのが「一般意思」とされている。難しい区別だがこれを補助線にしてみよう。すると見えてくるものがある。日本の社会保障は、戦後の貧しい時代の中に「一般意思」があったから出来たものではないか。ところが現下のグローバル資本主義や新自由主義の時代になると、個々人が自分の利害や意見だけを表出する「全体意思」の時代になる。すると社会保障への意思形成は困難になるのだ。社会保障は、現下の「社会」への対策としてではなく、それを超えた未来、つまり「社会の先の社会」まで考えていかないと不可能なのではないか。そういうビジョンを私たちが持てるか。そこに大きな課題がありそうだ。

社会保障の不安

これまで戦後日本を支えてきた年金や医療、介護保険などが大揺れに揺れている。グローバル化の荒波の中で財政危機に直面する日本の社会保障は、これからどうなってしまうのか。みんな不安になっている。

おりしも、介護保険を成立させた影の立役者であり厚生労働省のエースと言われた山崎史郎氏と香取照幸氏がほぼ同時期に厚生労働省を退任して、それぞれ『人口減少と社会保障』（中公新書、二〇一七）と『教養としての社会保障』（東洋経済新報社、二〇一七）を上梓した。一見するとどちらも入門的な解説書かと思う。しかしそうではない。グローバル化に翻弄され、縮小と後退を余儀なくされている「日本という国家」を憂いつつ、大胆にも社会保障を積極活用した日本再活性化のシナリオを提案している。これはど真ん中で直球勝負の社会保障論なのだ（注1）。

なんども読み返しながら、様々なことを考えた。この分野の専門家たちの長年の経験を踏まえての議論だから、現実的だし、合理的だし、体系的でもある。しかしこうも思うのだ。著者たちは「社会保障」（年金や医療、社会福祉や社会保険、介護保険なども含む）を、社会不安に対抗するために、保険の仕組みと税を組み合わせてセーフティーネットを作ったものだという。だから思うのだ。できあがってうまく機能している時には、合理的に見えた。しかし社会が急激に変化・変動していく現在、社会保障の合理的で現実的な性格が、かえって社会保障への不安のもとになっているのではないか。またこうも考えた。社会保障が機能するには、根元に「社会連帯」という基礎が必要だ。ところが現在、その社会連帯という基盤が、家族や地域や会社（雇用）のいずれの場でも衰弱している。つまり社会保障の危機よりも前に、社会連帯の根元が変調している。しかし考えてみると、個人も家族も地域も雇用システムも、社会の変化に応じて、あえて言えば自己利益を中心に功利的に動いてきたのではないか。みんなが功利的に動いた結果、社会保障の仕組み全体が失調してきたのではないか。この危機に対抗するために、山崎氏は「全世代型」や「地域包括ケアシステム」を提唱する。香取氏は「国家像の立て直し」や「北欧型モデル」の提案を行っている。そうして「社会連帯」の再生を主張する。これはグローバル化の時代、個人戦では敗北必至だから、団体戦でいこう、それしかない、という提案なのだ。

しかし難しいのは、敗色が濃くなればなるほど、みんな個人戦でがんばろうと逆方向へ走りだしてしまうことだ。追いつめられたら、まず自己保身に走ってしまうからだ。

二一世紀の社会保障が、不安定さをましているのは、少子化や人口減少、経済のグローバル化など、それぞれの次元で、個人や家族や企業といったアクターが、きわめて合理的に行動した結果だとも言える。個人や家族が「合理的に」行動したら核家族化し少子化することになった。さらには晩婚化や非婚化も進んでいる。保健・医療・福祉が発展したら超高齢社会になった。企業もグローバル化する資本主義世界で生き残るために雇用の安定性を切り捨てた。個人レベル、個々の企業レベルでの合理的な行動が、社会全体でみると、家族や雇用や社会保障を危機に陥れるという非合理

注1　とりわけ香取氏の著書は熱意と力が入っている。それだけに、このように合理的に考え、論理的に考え、機能的に考えていっても、何かもうひとつ足りないと考えさせられるのだ。それは何か、そこを考えてみたい。

な結果を生み出している。これは合理的な行動が非合理な結果を生み出すという「社会的ジレンマ」の矛盾そのものだ。だとしたら問題はより広い範囲で考えなくては解けないのではないか。

「奇蹟」だった？——日本の社会保障

ここからは香取照幸『教養としての社会保障』を中心に読み解きながら現代日本の社会保障を考えていこう。前半は社会保障の歴史をふりかえりながら、社会保険を中心とした日本の社会保障の展開について、これまでの類書にない理解と論点を示している。たとえば日本の社会保険は、ビスマルク時代のドイツのように「ギルド」のようなベースとなる職業共同体があったからこそ可能だったのだという。近代化・産業化にむけて社会全体が一丸となっていた時代だからこそ皆保険も可能だったのだし、社会保険や社会保障は、職場や国家への帰属意識を高めて、ますます産業や経済の発展にも寄与したのだと説明されている。だとすれば、日本の社会保障は、貧者の救済（社会福祉）というより、むしろ近代の産業構造や経済構造に支え／支えられてきた。つまり近代国家の発展と歩みをひとつにして展開してきたものだったのだ。その流れの中で社会保障は公助から始まったというより、自助を社会規模で共同化したものだともいっている。なるほどセーフティーネットは、社会全体のリスクを共同化することで失敗の不安を抑え、資本主義での思い切ったイノベーションや挑戦を可能にするものだとも言える。この見方に立てば、日本の発展や近代資本主義は社会保障によって下支えされてきたということになる。

それなのに、社会保障が経済や財政のお荷物のように扱われている現状に、著者はいらだっている。社会保障の全体像をもっと知り、公教育でもっと社会保障の必要性を取り上げてもらいたいという思いがこの本を書かせたともある。まさしく熱い使命感をもった「ザ厚労省」の人なのだ。ここまで日本の社会保障システムを全肯定してよいのかと、ちょっと留保をつけたくもなるが説得力はある。

つづいて日本の歴史をふり返り、戦後の貧しい段階で、なぜ皆保険・皆年金という世界にも類例のない制度が可能になったのか、それがいかに奇跡的な達成だったのかが解説される。「みんな貧しかった。だからこそ、つくることができた」のが日本の皆保険・皆年金だという。職業的な連帯性と政治経済や政策とが共振して協働できたのだ。それにたいし、現在の中国のように経済発展したあとでは、所得格差が生まれてしまったあとでは、みなが同じ保険料を払って同じ給付を受けるということは不可能なのではないかという。アメリカではもはや作れない、今の中国でも所得の格差に応じた別々の制度しか作れないのではないかという。皆保険・皆年金のような包括的な社会保障制度がつくれるのは、社会の発展段階において、社会が一丸となって連帯できる、おそらくたった一度の奇蹟的なチャンスだったのだ。そして一度壊したらもう二度と作れない。だからこそ、この制度を大切に守らなくては、という主張なのだ。

社会保障が崩れていく

このように日本の皆保険・皆年金など社会保障の仕組みを知るほど、日本の社会保障制度が大きな曲がり角、大きな危機に直面していることも見えてくる。これまで日本の社会保障制度を成り立たせていた前提条件が次々に崩れつつあるからだ。「経済の停滞、雇用の劣化、家族と地域社会の脆弱化」……なかでも雇用の安定が崩れたことが大きい。非正規雇用がこれほど多くなると制度を支える根幹が崩れるからだ。

そもそも日本の社会保障は、経済の成長とともに、国と企業が、縮小してきた家族や地域社会の機能を補完し、ともに支えてきた部分が大きい。ところがグローバル化と世界経済の変化によって、日本国内での雇用の安定性が失われると、企業が折半してきた社会保険負担分が危うくなる。するとドミノ倒しのように社会保障全体が揺らぐことになる。

さらに社会保険を中心とする年金や医療保険、介護保険などの制度体系では高齢者への保障に傾きがちで、社会保障が若い世代や子育て支援に回りにくい構造になっている。これでは時代や社会の変化に応じた社会保障に転換しにくい。雇用が揺らぐと、格差が広がり社会的孤立やひきこもり、自殺なども増大するから、そうした人たちへのエンパワメントも必要になる。子育て世代への支援が十分できない。だから人口減少に対抗するためにも「全世代型」の社会保障へ転換する必要があるのだと主張される。

そして第二部「マクロからみた社会保障」ではどうしたら良いのかが論じられる。これまで日本の社会保障を支えていた職場や地域社会そして家族などが、人口減少、少子化、高齢化でつぎつぎに揺らぎ、弱体化してきた。それを支え続けることは財政的に無理がある。その無理を重ねてきた結果、現在の巨額の財政赤字（世界最大の債務大国）となって、政府が新しい政策を打ち出すことが出来なくなっている。次世代にツケをまわし続けることはできない、だから増税をやりとげるべきだ、と政府や厚労省の「公式見解」のように論じられる。

ひとつの提案として巨大なおカネを動かしている社会保障を活用して経済や産業に貢献する――つまり社会保障・社会福祉で動く巨額のマネーで経済を支えることは出来ないか（「ポジティヴ・ウェルフェア」（注2）という興味深い表現が用いられている）という構想が述べられる。かならずしも斬新なアイデアではないが、論旨は分かりやすい。厚労省という官庁の中のもっとも良質な部分の主張を聞く思いがした。ここまで率直に熱く語る厚労省官僚は、これまでそうはいなかったのではないか。

しかし厚労省の中枢にいた人たち（こそ）が、このように考えているとしたら、問題はそう簡単には解けそうにない。

注2　この「ポジティヴ・ウェルフェア」という発想は興味深いが、矛盾も含んでいると思われる。「福祉」も「Welfare」もともに「良い生」を意味するはずなのだ。そこに、さらに「ポジティヴ」を上乗せするという発想じたい、現状のウェルフェアが「ネガティヴ」なものであるということを、暗黙のうちに合意しているのではないか。社会保障や社会福祉の政策担当者の中にも、このような潜在意識がひそんでいる。だとしたらネガティヴをポジティヴに反転させることはかなり難しいことになる。

不安だから社会保障／社会保障だから不安——？

さらに重要なのは第三部である。「日本再生のために社会保障ができること」と題された大きな主張が展開される。現在の日本が危機に瀕しているのは社会が「将来不安」におののいているからだ。その不安を払拭して日本の経済や雇用を立て直す下支えになること、それこそ社会保障の大きな役割だとする。そのためには迂遠にみえるが「目指すべき国家像」を作り直すべきだというのである。

香取氏の主張は二つある。第一は、将来が不安なのは、目標が見失われているからなので、目指すべき国家像や社会の姿を作り直す必要があるという論点。第二は、新たな社会発展モデルとして北欧モデルに学ぶべきだという論点。北欧諸国は高度な社会保障を持つ福祉国家となることで社会不安を克服し、安心と成長との両立を成し遂げた。だからこれからの日本のモデルになるというのである。

まず「社会保障が揺らいでいるのは社会が不安にとりつかれているからだ」という主張を検討してみよう。一見するともっともに思える。現在の日本は、経済の長期停滞・雇用の劣化・人口減少・超少子高齢社会といった「将来不安」をかき立てる多くの現実に直面しているからだ。それゆえ人々は守りに入る。高齢者は貯蓄に走り、企業も内部留保に走る（注3）。こうして不安が負の連鎖を引き起こし、デフレスパイラルを発生させ、経済も社会もさらに不安定化していく……。香取氏は社会保障はこの負の連鎖を取りのぞくことができる、いやそのためにこそ社会保障はある、と主張する。不安だから、危機の今だからこそ、「安心」を取り戻すために社会保障をより強いものにして、成長に貢献する社会保障制度を作ろうと呼びかけるのだ。いわば「不安だから社会保障」という論理である。

しかし「不安だから社会保障」という主張の前に「社会保障では不安だ」というのが現代の人々の実感ではないか。香取氏自身が超少子高齢社会がこのまま進むと社会保障は持続困難になっていくと予言しているではないか。不安と保障は、どちらが先でどちらが後なのか、表裏一体でメビウスの帯のようにつながっている。社会保障も不安を構成する要因の一部になっているのだ。だから社会保障で不安を克服しようと言っても、どこか説得すべきポイントをはずしているように感じられるのだ。

社会保障における「イノベーションのジレンマ」

まず思い浮かぶのは「イノベーションのジレンマ」という理論だ。これは経営学などで近年注目されている概念なのだが、市場で成功をおさめて大企業となった会社が、後を追ってくる小さなベンチャー企業に、あっというまに敗北してしまうことがあるのはなぜなのか、という問題にたいする答えとして注目されているものだ。

理屈はこうだ。画期的なイノベーションを成し遂げた企業は巨大なマーケットと利益を独占す

注3　つい最近も金融庁が「平均以上に長生きすると年金だけでは二千万円くらい不足になる」という報告書を提出して大騒動となった。

る。すると次なるイノベーションを行うことに躊躇するようになる。なぜなら新たなイノベーションを行うことはすでに成功している自社製品を自分で否定することになるからだ。普通の経営者なら、さらなるイノベーションではなく、成功している自社製品から最大限の利益を引き出す経営戦略をとるはずだ。ところが世界的な規模でイノベーション競争が起こっている状況では、それが命取りになる。次の画期的なイノベーションをめぐって、小さなベンチャー企業が必死の挑戦をしかけてくるからだ。その結果、巨大企業があっというまに覇権を失っていく。現代の世界ビジネスでは次々とイノベーションして、成功した自分を不断に「自己否定」していかないと生き延びられないのだ……。

怖しい話だが、似てはいまいか。わずか七〇年まえ、戦後の混乱と貧しさの中で世界に類を見ない皆保険・皆年金を成功させた日本の社会保障が、いま巨大化して沈没寸前のタイタニック号のようになっている姿に。

そもそも社会保障の危機についての議論がこれほど盛んなのも、制度を担う国や厚労省自身が、制度の行方に不安をもっているからではないのか。不安なのに変えられない、変えたくても変えられない。イノベーションすることはこれまでの制度や政策経緯を自己否定することを意味してしまうからだ。

日本の社会保障は、「社会保険」への「企業と国や自治体からの補助」という画期的なモデルによって世界に類を見ない成功を成し遂げた。それが今、雇用と家族と地域の、つまり社会全体の変化においつけなくなっている。イノベーションと社会保障も、深いつながりを持っているのだ。

合理的すぎて非合理だ——ゲーム理論のジレンマ

次に思い浮かぶのが、社会学や経済学の「ゲーム理論」である。個々のプレーヤーが合理的に行動すると全体として非合理な結果を招く事例として「囚人のジレンマ」がよく知られている。これは、複数のプレーヤーが対戦するゲームで、利己的な行動をとったほうが得か、協調的な行動をとったほうが得かをシミュレーションするものである。ゲームは、個々のプレーヤーが利己的に行動するよりも、対戦相手と協調的な行動をとったほうが結果的に有利になる。だが、相手がどんな人間なのか、どういう戦略でくるか分からない状況のもとでは、まずは自分を守る利己的な行動をとってしまうのだ。個人レベルで「合理的（利己的）」な行動をとると、相手も「合理的（利己的）」な行動をとって対抗してくる。たがいに利己的に敵対しあうことになって、協調した場合のような利益はあげられない。

これは香取が書いている高齢者の自己防衛的な行動（将来不安にそなえて貯蓄をつづけるため、亡くなる直前にもっとも貯蓄額が多くなる）を想起させる。世の中がどうなっていくのか分からない状況のもとでは、人は利己的な行動をとる。その結果、他者も利己的に行動することになり、社会から安心や協力や連帯や社会保障が失われていくことになる。

ゲームのプレイヤーは、短期的で自己中心的な視野しか持てないのだろうか。また、ゲーム全体を見渡して長期的に最善の戦略を考えることができるのは国や政府しかないのだろうか。ゲーム理論の示すジレンマを解き明かすのは、個々のプレーヤーの視点を理解しつつ、それを越えた「社会」

レベルでの視野を持って俯瞰することなのだが、そもそも国や政府も「政治」や「経済」に翻弄されて「個々のプレーヤー」と同じレベルになってしまっている。どうしたら「社会」レベルを獲得できるのだろうか。謎は深い。

信頼や連帯が可能だった理由

香取は、ドイツの社会保障や社会保険は、根元にギルドのような「職業共同体」があったから可能だったのだという。ここにはひとつの解き口がみえる。日本もかつて高度経済成長時代には抜群の連帯と団結力を発揮する企業の「家族主義的経営」や「終身雇用制」、それに発する「競争的集団主義」(注4)を誇っていた。そのような前提があったからこそ、皆保険・皆年金という社会保障も実現したのだろう。

現在はどうか。冷静に考えると、人口減少と「地方消滅」が進むような現在こそ、今まで以上に社会連帯を発揮し、一丸となってこの危機に対処すべき時ではないか。いまこそ日本社会がかつて以上に、その社会連帯能力を発揮し、社会保障によって「将来不安」を克服すべき時ではないか。

ところが、そうはならないのだ。香取も書いているように、社会が変動し、危機になればなるほど、みなが個別に自己保身に走るからだ。賢い社会連帯の戦略ではなく、愚かな利己的な行動に一斉に走っている。いちばん社会連帯や集団主義が必要とされる時に、それが起動しないのだ。個人だけではない、企業がまっさきにそうした。それを小泉政権以降の政府も後押しした。これは当然のようでもあるが、冷静に考えてみると不思議だ。どうしてかつての成功の方程式から学べないのか。

グローバル資本主義の中で、日本がこのまま個人戦を続けても、チーム全体は敗北だ。今こそ社会連帯の力が立ち上がるべき時ではないのか。なぜ社会保障の再構築、安心と成長の両立という合理的な方向性を選択できないのか。こう考えると香取の「問い」は、かつて賢明な社会保障を選択できた日本が、現在の危機に瀕して、なぜ愚かで利己的な自衛しか選択できないのか、という深い問いなのである。

ここから次の「問い」が生まれる。日本の社会保障が成立してきた経路と原理は、北欧の社会保障の発展の原理と同じなのか。どこかが根本的に違っているのではないか。北欧の「個人主義でありながら社会保障を選択する」という合理的な行動は、いったいどうして可能だったのか。それは合理や機能、効率や効果だけでは説明できないのではないか。北欧諸国で、人々の社会保障への信頼と連帯を生み出し、現在の日本で社会保障への不信を生み出したものは何なのか。それが突き止められないと、香取の論旨は貫徹しない。そして、その最後のピースが、まだ十分に解き明かされていないように思われるのだ。

注4　加藤周一によれば日本社会や日本の企業に見られる集団主義はたんなる「集団主義」ではない。集団間の激しい競争を内にもった「競争的な集団主義」である。加藤周一『日本文化における時間と空間』（二〇〇七）などを参照。

保障を支える保障、保険を支える保険

ここからさらに考えを進めて、こう問いかけてみよう——社会が変動・劣化して不安が高まり危機がやってくる時に、人々は「安心」を取り戻すために合理的な選択として「社会保障」を選ぶだろうか、と。

社会保障が機能しているなら、そもそも不安にかられて自衛に走ったりしないだろう。すでに社会保障が信じられなくなってきているのだ。じっさい香取じしんが「日本の高齢者は亡くなる直前の資産がもっとも多い」という「不合理な貯蓄行動」のデータを指摘している。追いつめられ、不安にかられると、このように不合理な自衛に走ってしまう。ここで「自衛が不合理」だと述べ立てても説得的ではない。貯蓄のような「自衛」ではなく、社会保障のような「共助」（香取は慎重に「公助」という言葉を避けている（注5））によって不安を克服することが必要なのだが、いちど不安に駆られてしまうと、このような合理的克服への転換ができないのだ。

では北欧諸国で、危機や不安に抗して、自己防衛に走るのではなく社会保障を充実させ、それを通じて安全と成長が両立できたのはなぜか。香取によれば、北欧における社会保障制度が現代の「知識産業社会」への転換に適合的だったからだという。北欧の社会保障は貧者への恩恵ではなく、女性たちもふくめてみなが働くことを通じて社会へ参加するシステムだからだという。その社会への労働参加の大きな部分を「社会保障分野で働く」（医療・看護・福祉・教育など）ことが担っているという。社会保障こそが女性をふくむ国民全体をうまく現代社会の要請する経済社会構造へと転換させたと

いう。その結果、社会保障と資本主義経済とが、対立でなく両立になっているのだという。だがこれは「説明」になっているのだろうか。

人々は、このように合理的・論理的に考えたうえで、社会保障のあり方を決めたのだろうか。もしこのように合理的で論理的な思考によって決められるなら、世界中が合理的な選択をしているはずではないか。ところが現実にはそうなっていない。高度な社会保障システム、高福祉・高負担で高度な福祉国家を選択しているのは北欧諸国だけではないか。それはなぜなのか。

考えたいのはこういうことだ。社会保障や社会保険が「保障」や「保険」の名に値する安心感を与えてくれるのは、それを支えてくれる社会への信頼感があるからだ。ところが日本では、それが大きく揺らいでしまった。なぜ北欧では揺るがず、日本では揺らいでしまったのか。

山崎や香取は「自衛よりも社会保障のほうが合理的だ」「連帯したほうが長期的にはうまくいく」と合理主義と機能主義の合わせ技で説明しようとする。いわば人間の理性による利己主義の克服こそが社会保障を保障する、という論理なのだ。しかしこの保障の連鎖、保険の連鎖（社会保険を保険するのも保険だ）がグローバル化によって崩れはじめたのが現在の世界だ。

社会保障を支える「保障」、社会保険を支える「保険」、社会連帯をささえる「連帯」、いわば社会をささえる原的な「信頼」があってこそ、社会保障も社会保険も、そして社会福祉も社会連帯も

注5　社会保障の専門家として香取も「自助」の次にいきなり「公助」が来ることを警戒している。自助ができなくなったとき、いきなり社会保障や社会旗福祉にすべてが丸投げされることへの警戒が強いのだ。そこで「共助」という社会保険などによる中間的な仕組みを分厚くしていくことが社会保障を持続させると考えているのだろう。

成り立つでのではないか。それはいかにして回復できるのか。

「成功なのに失敗」へと反転してしまうのはなぜか

現在の社会保障や社会福祉が直面している根本問題のひとつは「成功なのに失敗」のジレンマ構造だ。高齢化を個人レベルでの長寿化とすれば、それは保健・医療・福祉・介護にとっては大きな成功だ。介護保険の利用の増大も、それが高齢者やその家族の必要にジャストミートしたからだ。だとすれば社会政策での大きな成功のはずだ。

ところが制度や財政レベルでみると、人口の高齢化は生産年齢人口の減少や、医療や年金など社会保障費用の増大としてネガティヴな評価になる。介護保険も同じで、利用が拡大すればするほど財政危機となり「制度の持続」があやうくなる。社会保障や社会保険などの評価は、いってみれば個人のレベルでは「成功」なのに、制度のレベルで見ると「失敗」に逆転してしまうのだ。どうしてか。社会保障や社会福祉では、成功の評価のあり方が「メビウスの帯」と同じように、いつのまにかオモテがウラへ、成功が失敗へと反転するのだ。

これでは社会保障も社会福祉も政策の方向性を見失う。登山の山中で五里霧中になって方向感覚を失っているようなものだ。いっしょに登山していた二人の目標が最後になって違ってしまったようなものだ。これでは先に進みようがない。これが社会保障の現在の姿ではないか。

さて、ここから先が本当の考えどころだ。上述した二つの目標（山頂）は、「個人と社会」のように次元の異なったものなのだろうか。一方は他方より上位に位置するものなのか。そうだとするなら、最終的には個人よりも社会を優先する、という伝統的な価値選択が行われることになるだろう。社会保障論が最終的に述べるのもそういう結論だ。

でもそうなのか。この二つは本当に違った次元のものなのか。

一見すると、個人の利害を優先するベクトル（方向性）と、社会や制度の持続可能性を優先するベクトルとがせめぎあっているように見える。つまり次元の異なる二つの道があるように見える。しかし、ほんとうは、同じ次元での競合に過ぎないのではないか。

ふつうに考えると個人と個人（会社も含めて）の間に利害をめぐる相克状況がある。そこに政府や制度という「いわゆる社会」レベルの一段上のアクターが出てきて、個人レベルで相克しあってい て解けない問題を克服する。それが社会保障や社会保険だ、とされる。

しかし現代社会の状況は、とりわけグローバル化による雇用環境の劣化のあとは、そのような状況とは異なる。政府や制度の側も「社会保障制度の持続可能性」という、いわば「利害」をもって行動しているように見えるのだ。つまり、より上位の社会レベルから一段降りてきて、いわば「個人や企業と同じレベル」に立って社会保険の危機を訴えている……そう見えてしまうのだ。この状況のもとでは、より上位のレベルが空席になっている（それを現状の「社会」と区別するために《社会》と呼んでおこう）。

政府が社会保険の危機を訴えても説得力がない理由のひとつはここにあるのではないか。香取らの社会保障論を読みこむと最終的には「財政論」に収斂していくのを感じる。人口も経済も社会保障も最終的には財政に影響を与え財政で支えられている、だから財政をしっかり社会保障へ回さねばと主張している。しかしこれでは政府の利害の主張に見えてしまうのだ。政府が、一般国民や企業と同じレベルに降りてきて、同じように自分の利害を主張している……。

これでは国民の理解を得られまい。社会保障や社会保険のあるべき姿は示せまい。じつは香取もそう考えたに違いない。だから彼のいう「目指すべき国家像を再構築しよう」という主張は、現在のように財政の危機を理由にした社会保障論ではだめだ、もう一段上のレベルで社会保障を論じたい、そういう思いだったのではないか。

しかし皮肉なことに、香取自身の論が一段下に降りてきて政府の利害を主張しているように読めてしまうのだ。では、どうしたら良いのか。

《社会》を支えることはいかにして可能か

これまでの議論をまとめてみよう。かつて戦後のもっとも貧しい時期に日本社会は国民皆保険・皆年金という奇蹟的な達成をなしとげた。さらに超高齢社会への転換点で、「介護保険」という世界的に見ても類のない高齢社会政策を実現した。それらは個別で対処できない社会的なリスクに、社会連帯をもって対応するという社会保障や社会保険の論理による達成だった。個別の対応でなく、《社会》としての対応を選ぶという合理的な行動ができた背景には、この《社会》を信頼する力が、国民にも企業にも自治体行政にもあったからではないか。ところが現在、急速に《社会》を信じる力が衰退している。個別の自己防衛、個々の利害が前面に出てきた。これをもういちど社会保障のレベル、《社会》の信頼へと原点回帰することは可能なのか。

香取は「北欧をモデルに」と主張する。しかし北欧はグローバル化する資本主義に適応するために福祉国家になったのではない。むしろ福祉国家であろうとして価値合理的に行動したら結果的にグローバル資本主義の世界でも勝ち組になっていたと言うべきではないか。いわば意図せざる結果だったのではないか。グローバル資本主義で勝ちたいというような「意図」よりもさらに奥に《社会》そのものを守りたいという「意図」、言ってみれば社会連帯や社会包摂を志向する価値理念の国民的な共有があったのではないか。そう想定するほうが自然だ。それは何だろうか。

最後に近年注目されている研究を紹介しよう。それは、なぜ北欧が（北欧諸国だけが）、高福祉・高負担の福祉国家らしい福祉国家を築けたのか、という問いに対する答え（のひとつ）として「キリスト教ルター派」に注目する論である。北欧がどうして社会連帯にもとづく再分配率の高い普遍主義的な社会保障制度を持つにいたったのか。これはエスピン゠アンデルセン以来の「福祉国家レジーム論」だけでは解けない謎である。そこで北欧の「再分配率」や「社会連帯」を支える宗教的な基盤として「ルター派」をあげる説が社会学や宗教学の研究から出てきたのだ（注6）。福祉国家

注6　たとえば大澤真幸（二〇一一）を参照。大澤の「キリスト教と社会福祉」の論考は、カトリックとプロテスタントという対比だけではヨーロッパの福祉国家の発展の違いを説明できないことに着目して、同じプロテスタントでありながらルター派（北欧諸国）とカルヴァン派（英国や米国など）とが、社会福祉にたいしてほんとんど正反対と言って良いような価値態度の違いを見せるのはなぜか、という問題を論じている。

とルター派との関連については、諸説あり、まだ十分に定説になっているわけではないが、これは興味深い論点だ（注7）。しかしルター派と福祉国家との強い結びつき（関連性）というのは、かなり思い切った仮説である。ほとんどビーン・ボール（反則球）すれすれの説かもしれない。そもそも宗教で社会の仕組みを説明してしまったら、なんでも最終的には宗教ではないか、と言われかねない。

だから「宗教」かどうかが問題ではない。現在、行き先を見失って漂っている私たちを奥底で支えてくれるような何かが必要なのだ。社会が大きな変動に直面したとき、既存の法制度や政治行政制度だけでは解決できなくなった時、これまでの「社会」を超えた、未来の《社会》への信頼と連帯が必要になるからだ。

注7　北欧のほとんどの国が「ルター派のキリスト教」を国教としてきた。およそ七割の人びとが「ルター派信徒」であるという。これが、全体意思を克服して一般意思を形成する上でベースになったと考えられるのではないか。

介護保険と非営利はどこへ向かうか

介護保険が「成功なのに失敗」とされてしまうのはなぜか。小竹雅子の『総介護社会―介護保険から問い直す』が、その良い入り口を与えてくれる。詳細は本書にゆずるとして、そこで触れていない論点として「パターナリズム」を考えてみたい。介護保険の成立事情を調べると、そこには「上からの善意のパターナリズム」が色濃く作用していたようだ。介護に苦しむ国民の実情をみて、これからの高齢社会を見据えて、優秀な官僚や学者、政治家や地方公共団体など多数の関係者が連帯してこの新しい介護保険制度を樹立した。それが二〇年もすると「善意」の部分が蒸発して「上からのパターナリズム」だけが残る。するとどうなるか。財政難のため、モラルハザードの防止、制度の持続可能性の確保等、様々な理由があるだろうが、過剰なまでに細かいルールと規則の迷路のような制度になる。これを「善意の消えた上からのパターナリズム」と見立てることができるのではないか。ここに介護保険が使いづらい理由、非営利組織が参入しづらい理由、制度が利用者本位にならない理由…などの遠因があるように思う。はたして制度に「善意」を回復することが出来るだろうか。むしろ「パターナリズム」を克服することの方が大切ではないか。介護保険と私たちの将来にとって、大きな課題だ。

「介護の社会化」はどこへ行ったか？

介護保険施行から二〇年、介護保険の現状は知れば知るほど分からなくなる。発足当初はもっと目指すところがはっきりしていた。「介護の社会化」だ。超高齢社会における介護リスクを「社会保険」という社会連帯の仕組みでカバーする。従来の福祉の限界であった措置制度から社会保険による契約という利用者本位へと転換する。そして医療化でなく住み慣れた地域での生活支援、自宅が困難なら自宅のような在宅をめざす地域福祉へ。どれもこれも新鮮で正しい方向に思えた。みんながこれだ、と思ったに違いない。だからこそ住民参加型として在宅福祉サービス活動をしてきたボランティア団体やＮＰＯ法人などは、こぞって介護保険の指定居宅サービス事業者になっていった。介護保険は超高齢社会の問題解決の観点からも市民福祉の観点からも期待の星だったはずだ。

それが予想を上回る利用の急増とともに、厚労省の関心の中心は財政的な観点からの「制度の持続可能性」へと切り替わってきた。すると介護保険はどこへ向かうのか、行く先が蜃気楼のようにぼやけてきた。法改正のたびに制度は複雑になり、普通の人には理解が困難とまで言われるようになった。著者の小竹雅子は介護保険の発足前から、介護保険をウォッチしてきた市民福祉の人。この制度の全貌を分かりやすく紹介し、もういちどどこへ向かうのか市民の側から問題提起しようとしている。本書の構成は次のようだ。まず介護保険の背景を示し、介護保険を使う人たち、そして介護現場で働く人たちを紹介したあと、介護保険の仕組み、介護保険の使い方、介護保険にかかるおカネ、という制度の利用法についての紹介となる。ここまでは、類書とさほど大きな違いはない。

しかしそのあと「なぜ、サービスは使いづらいのか」と「介護保険を問い直す」という最後におかれた二章は、押さえた筆致ながら、長年見続けてきた介護保険制度の問題や課題について的確に指摘しており、本書のハイライトといえる。

この本の特徴は、近年出版された『介護保険制度史』(二〇一六)や大森彌『老いを拓く社会システム—介護保険の歩みと自治行政』(二〇一八)、それに大熊由紀子『物語介護保険』(二〇一〇)などと比較するとより明らかになる。これら三冊は、介護保険を作った当事者たちによる波瀾万丈のサクセス・ストーリー。いかに困難な状況の中から奇跡的に介護保険制度が成立したかを、政治、行政、議会、労組や業界団体、市民団体等のキーパーソンの動きを中心に明らかにしている。これらを読むと、介護保険制度は、なんと素晴らしいものか(ものだったか)と思わされる。困難な状況の中から、ビジョンを掲げた人たちが現れ、それを厚生労働省を中心とした有能な人たちが地道に支えて、最後には政治党派を超えた協力体制で法律が成立した、という制度づくりのヒーローたちの成功物語なのだ。じっさいにそうだったのかもしれない。二〇世紀の最後の二〇年くらいは、バブルははじけたものの、超高齢社会という新たな社会変動へ向けて積極的な取り組みが可能な幸せな時代だったのだろう。今日から見ると『物語介護保険』や『介護保険制度史』の当時は、夢と理想の時代だったのだ。現在とは隔世の感がある。

さて、本書は、上記のような制度形成史には現れてこない人たちの視点で描かれている。それは、介護保険制度を利用しながら「介護のある暮らし」を生きようとする人たちの視点である。

介護保険は、なぜ使いづらいのか

本書の白眉である六章「なぜ、サービスは使いづらいのか」と七章「介護保険を問い直す」を中心にそれを紹介しよう。六章では、介護保険サービスが使いづらい理由として、制度を改正していく仕組みの中に問題があることが指摘されている。改正の方向をきめていく審議会の仕組みと実施との間にも大きなずれやタイムラグがある。そしてこの制度改正の仕組みの中に、利用者の声を代表・代弁する仕組みがない（あるいは弱い）。政治とコーポラティズム（業界団体）の主導による大枠の決定、そして細部はすべて厚労省が決定していくという、上からの制度改正のあり方に問題があることが示唆されている。たとえば社会保障審議会などで「厚労省が委員を選ぶ基準を説明したことはありません」「介護保険部会、介護給付費分科会ともに女性の割合は一割にとどまります」と指摘している。問題の二つめはケアプランのあり方である。「ケアプランはケアマネージャーがつくるもの」という現在浸透している常識が、利用者本位という当初のビジョンと真逆であること、要支援の人はケアマネージャーを選べないという矛盾（軽度の人ほど自力で主体性が発揮できるはずなのに）。介護予防をめぐっては、予防や「自立」という概念が導入されて利用者本位からさらに逸脱していく過程などが描かれている（介護が必要という現状と、自立を求めるという政策的誘導との矛盾）。「地域包括ケアシステム」にしても、地域ケア会議なども「ケアプランをつくる主役であるはずの認定を受けた本人や、家族など介護をする人が、地域ケア会議のメンバーにラインナップされていない」。結果として、利用者ではなく供給サイド主導で、効率的で「包括的」な制度にされていくのではないか。ケアマネージャーの独立性や専門性にも問題がありそうだ。問題の三つめが「ホームヘルプ・サービスの受難」。受難とはうまい表現だ。じつは介護保険発足時に、もっとも利用されたのがホームヘルプ・サービス（訪問介護）だったのだが、現状では福祉用具レンタルとデイサービスについで三番目になっている。自然とそうなったわけではなく、利用抑制の標的になったからだ。しかも確たる根拠なく、というのが「受難」に込められた意味だろう。もうすこし詳しく見てみよう。

ホームヘルプの「受難」

この部分は、本書の中でも白眉と言える部分だ。

そもそも介護保険がなぜ広範な支持を集めて発足したかと言えば、「福祉」対象者以外にも要介護リスクが幅広く存在しており、家族や近隣では支えきれなくなってきたからだ。要介護リスクは、ごく普通の高齢者にも発生するので、低所得者などに限定された福祉システムではカバーしきれない。ゆえに、一九八〇年代から様々なボランティア団体などが住民参加型在宅福祉サービス活動を行ってきたのだ。家事援助、生活援助、ホームヘルプ、「ふれあい・たすけあい活動」など様々な呼び方があるこれらこそ、福祉対象でない普通の市民にとって、介護保険へとつながる重要な入り口だったのだ。ボランティア団体からＮＰＯ法人になった団体が、介護保険事業者となったのも、多くはこの訪問介護事業だった。しかし早くから「家事援助は、介護保険にそぐわない」という意見と「家事・生活援助がないと、高齢者は施設に入所せざるをえない」という意見との対立があった。重度化したらカバーするという論理と、軽度のうちから支援するという論理との違いだ。どちらにも理があるのだが、介護保険財政が逼迫してくると、保険範囲を限定し、家事援助や生活援助、要支援などを介護保険からはずしていく流れに切り替わった。これはかなり根本的な変更だ。介護保険の重要な目的のひとつを自己否定することでもあるからだ。この流れに従っていくと、介護保険は重度化した人の施設入所へと集約されていくことになるだろう。それは介護保険の当初の目的とは大きくくずれている。

しかもその特養等の施設も大きな矛盾を抱えている。それは総量規制で特養等は増やせない（増やさない）からだ。そこで施設入所にあたっては要介護度三以上が原則になったり、廃止されることになっていた介護療養病床を継続することになったりと、方針がふらつく。こうなると医療と介護とをわざわざ分離して介護保険という仕組みをつくってきたのはなぜなのか、根本的なところが不分明になる。

「施設でない施設」

「自宅でない在宅」が、宅老所や認知症グループホーム等だとしたら、「施設でない施設」が「特定施設」、つまり「介護付き有料老人ホーム」や国交省が推進する「サービス付き高齢者住宅」ということになる。こうした存在の需要が伸びているという。特定施設などは、介護保険の内と外との境界線上にある存在で、「施設でない施設」。本書には、特養不足をこうした「特定施設」のような「施設でない施設」で解決していって良いのだろうか、との批判意識がある。施設の建設はコストがかかりすぎる、そこで民間の事業者が「特定施設」を建築して、自宅では暮らせない人たちのための受け皿になっているのだろう。ここにも、制度の持続可能性を求めるベクトルと、実際の社会ニーズとのずれがあることが示されている。

介護報酬の決め方、決まり方

七章で小竹は介護保険の根本的な問題点をいくつも列挙している。介護保険に関心ある誰もが、みな、うすうす感じていた疑問を、はっきり明確にコトバにしたという印象だ。

問題の第一が、介護報酬の決め方だ。これが制度を複雑怪奇なものにさせ、事業者を混乱させ、介護職の離職を増大させ、制度の行く先を五里霧中にさせている。介護報酬の決め方（決まり方）は、矛盾とパラドクスにとんでいる。誰がどのような理由でどう決めているのか。そもそも、それはどのような「報酬」なのか。そう考えるとここには医療保険との強い類似性が働いていることがわかる。医療も介護も、厚労省が詳細な利用と経営のデータを「ビッグデータ」として集約しており、それを解析して報酬の増減を決めているらしい。本書の「介護報酬の推移」という表を見ると、サービス内容や提供時間を、事業者ごとに、厳密に把握して、その総量の推移をシミュレーションしながら総額のコントロールと、個別のサービスの報酬額を決めているらしいことが分かる。まさにこれはコンピュータを末端の事業所まで浸透させたうえで、日々刻々「ビッグデータ」を吸い上げ、個々のサービス種目の単価や流通量を監視して、総額が急増急減しないよう監視している「ビッグブラザー」のようなシステムが働いていることを示している。そして三年に一度の介護報酬改定の際には、多変量解析のような高度な分析手法を駆使して、多様なファクターを動かしながら個々のサービスの報酬単価を、加算・減算を繰り返しながら調整し、全体としての介護報酬総額の増減を決定しているようだ。いわば巨大な中央集権システム、もはや古語となったかに思われていた「管理社会」が、介護保険などの「社会保険」の世界にはどっこい生きていた。中央以外の裾野（要支援などの「地域包括ケアシステム」部分）では、保険者たる地方自治体に任せる分散処理的なところもあるが、骨格は「ビッグデータ」を常時把握しながら管理運営される巨大システムなのだ。なるほど、これでは、個々の事業者や利用者や一般市民などが、介護報酬に関してあれこれ口を夾めるようなものではない。しかしこれは小竹の考える「市民福祉」のあり方の対極の姿だろう。介護の社会化を標榜し、政府や厚労省が努力を傾けたら、市民福祉の対極にあるものができあがってしまったという逆説。全体を把握するのは中央のシステムだけで、個々の事業所や利用者は個別のエピソード的な存在にすぎない。システム全体は大きすぎて少しの改定にも数年かかるようなしろものである。

しかし、これは政策モデルとしては分かりやすいが本当にうまく機能し続けることのできるシステムなのだろうか。社会主義国家を持ち出すまでもなく、「ビッグデータ」を駆使するとシミュレーションの上では効率的に動くはずの「システム」が、結局は巨大すぎて、小さな綻びが集積すると全体として機能しなくなった歴史的経験がある。介護保険でも「ビッグデータ」を駆使して制度の持続可能性を維持しようとする方法は、いつか急速に逆機能しはじめるのではないか。財政は持続可能でも、それを支える人々はどうか。その兆しはすでに介護職の離職率の高さや、介護業界の人手不足などの形であらわれているのではないか。

介護の「家族、地域、医療」化?

もう一つの重要な指摘。介護保険は、改正を繰り返すたびに、ふたたび「家族化」し、「地域化」し、「医療化」しているのだという。その方向が危ういことは小竹雅子にははっきり見えるようだ。なぜなら小竹は障害者福祉をずっと見続けてきて「障害者からみた介護保険」の視点になっているからだ。障害者福祉と対比すると、介護保険は当事者や当事者の家族などの声が反映されにくく、障害者福祉が開拓してきた道を逆行させる危険があるという。なぜか。介護保険が協力を求めようとしている「家族、地域、医療」こそ、障害の当事者の自立や自己決定の大きな「障害」にもなってきたからである。「家族、地域、医療」は諸刃の刃なのだ。その裏面を見ずに、それらの力を借りようとする現在の介護保険の制度動向は、障害者福祉の視点からは逆行（退行）だと小竹の目には映る。「病気や障害があっても、介護のある暮らし」を続けることのできる保障システムという当初の目的を退行させているからである。この指摘も重要だ。

介護保険における営利と非営利の混合

その他、介護認定の基準が施設サービスのタイムスタディを根拠にしており、在宅サービスの調査はされていないこと、在宅認定者の全国実態調査が必要なこと、ケアマネージャーの独立性を確保すべきこと、利用料の応能負担を検討すべきことなど、短いけれど重要な提言も数多くなされている。なかでも、「現金給付」を再検討すべきだという提言は、たんなる現金給付の問題だけでなく、事業者や利用者のあり方についても再考をうながす問題提起だと考える。なぜか。本書の立場が「市民福祉」を求めるものだからだ。

介護保険の発足前後には「現金給付は家族介護を固定させたり、高齢者の状態を悪化させかねないといった懸念」等の反対意見が強いので見送られたという。たしかに当時はそうした懸念が強かった（現在でもそうだ）。しかし当時あった現金給付に賛成の意見「これは介護に関する本人や家族の選択の幅を広げるという観点からも意義がある」が、現在のような介護保険利用抑制の状況のもとでは、がぜん再検討にあたいするものと見えてくる。どういうことか。

たとえば「在宅サービス」だ。それは住民参加型在宅福祉として、市民が、ボランティアやNPOとして開拓し、会員制の「有償・有料」方式など多様な工夫をもって運営されてきたものだ。それが介護保険に吸収されたことによって、非営利の人たちが培ってきたサービスと介護保険サービスとが混合されることになった。介護保険における訪問介護サービスである。しかも介護保険導入当初は、このサービスこそが、介護保険でもっとも人気のある、需要の大きいサービスでもあった。

しかし本書でも指摘されているように、人気があり需要が大きいサービスゆえに、しだいに利用が抑制され、単価も切り下げられ、やがて要介護以外の要支援のサービスは介護保険本体から切り離されようとしている。在宅サービスは「成功なのに失敗」いや「成功だから失敗」という逆説状況になっているのだ。ホームヘルプの受難である。

この原因のひとつは、介護保険がその当初から営利と非営利とを区別しない制度設計だったからではないか。初期の制度設計にあたった厚労省のシステム研究会などでは「保険あってサービスなし」が最大の懸案事項だった。基本構想の段階から、サービス体制の未整備の問題が、医療関係者から大きく取り上げられていた。医療関係の委員によれば、一九六一年の国民皆保険の導入にさいして「保険あって医療なし」という懸念が払拭され医療分野のサービス体制が整備されたのは、社会保険のもとで医療供給量の整備に非常に努力をしてきたからである、というのだ。この歴史的評価は非営利研究の観点からは再検討が必要だろう。これをきっかけとして営利と非営利の混合がはじまったとも考えられるからだ。この混合は、介護保険の導入にあたっても繰り返された。結果的に、営利と非営利の混淆のような供給体制が主流になっていった（『介護保険制度史研究会編 二〇一六』などにこの初期の議論が紹介されている）。

ところで、ノーベル経済学賞を受賞するまでになった「行動経済学」によれば、営利と非営利をまぜると、市場は道徳を閉め出す、ということが、近年広く知られるようになった。これをホームヘルプ・サービスに当てはめれば、ボランティアやＮＰＯ法人が運営していたホームヘルプ・サービスは、介護保険という（官製の）市場に包含された段階で、様々な困難に直面したはずだ。また、営利と非営利の違いを、介護保険の内側で打ち出すことは困難だった。制度の中では違ってはいけないのだ。これらのことは、非営利の事業者にとっては、存在意義を根本から揺さぶられることだったはずだ（こうした困難な状況の中から一部のＮＰＯ法人などでは、非営利の事業者でありながら、事業高を大きく伸ばしていく団体も現れたが、それはまた別の話だ）。制度設計の段階で、営利と非営利の混合がうみだす問題が、立案者たちに深く認識されていた痕跡はない。とくに住民参加型在宅福祉サービス活動などの経験ある人たちの声は聴かれてもいなかったのではないか。制度設計の段階ではＮＰＯ法も成立していなかった。ゆえに介護保険にとって医療と医療法人がひとつのモデルと見なされることになったのだろう。その傾向はいま再び強まりつつある。

さて、介護保険がはじまったあとしばらくすると「保険あってサービスなし」や「サービス事業者の不足」といった懸念は払拭された。するとこんどは介護保険の総量規制の観点から、訪問介護の単価を切り下げ、さらには訪問介護から生活支援を切り離していくというプロセスが進行することになる。では、ふたたび切り離された生活支援は、ボランティアやＮＰＯ法人に戻ってくるのか？　そうはならないのだ。これこそが行動経済学の教える恐ろしい教訓だ。いちど変質してしまった価値規範は、元には戻らない。ボランティアによる家事援助や生活支援が、いちど「介護保険」という市場（疑似市場であれ）に包含されてしまうと、それを使う人々の意識や価値観は「ボランティア活動」には戻らないのだ。介護保険が発足した当時は、介護保険だけでは在宅生活を維持できないから、かならずボランティア団体やＮＰＯ法人の提供する「枠外サービス」（介護保険ではカバーされない在宅ニーズに応える有償・有料のサービス）も増大すると予測されていた（生活を支える両輪の理論）。しかしそうはならなかった。介護保険が発足すると、制度の「枠内」でやりくりしようとする傾向が強まり、わざわざ有償・有料の「枠外」サービスまで利用しようとする人たちは減少したのだ。これまた行動経済学の知見から説明できる。いちど制度の中で商品価格が設定されたものは、価値規範が変質し、もはやボランティア活動とは見なされなくなるからだ。要支援者は、介護保険改正をへて現在、再び市町村や市民セクターに投げ返されている（市町村の地域総合事業）。しかし規範はすでに変質してしまっており、単純にはボランティア活動には戻らない。これは「意図せざる結果」であるとしても、ボランティア団体やＮＰＯ法人にとっては、大きな打撃だ。これをどう乗り越えるか。

介護保険における非営利の再構築

そこで「現金給付」の話にもどる。いちど介護保険に吸収された在宅サービスが「市民福祉」として復活・再生するには、現物給付からではなく、現金給付からではないか、と小竹は控えめながら示唆している。どういうことか。現物給付は上からの押しつけになりやすい、とりわけ利用の抑制や縮小、制限の過程では。現金給付のほうが逆説的ながら主体性や当事者性を発揮できる余地が大きい。この指摘を拡大して考えてみたい。つまり、ボランティア団体やＮＰＯ法人が提供する「枠外サービス」を、市民が主体的に購入するという方向性のほうに、介護の社会化や市民福祉としての可能性があるのではないか、と。そちらにこそ、これまでの介護保険がたどってきた道とは違う可能性がある。おそらく小竹は、障害者の自立生活運動などの中で、現物給付という上からの押しつけでない、当事者の主体的・能動的なサービスの利用・活用があること、それこそが、介護保険とは違う道を切り開いてきたという歴史を念頭においている。そこから介護保険における「現金給付」の再評価を求めているのではないか。介護保険における当事者主権につながるものだと。これはＮＰＯなどの非営利法人の行方にも重要な示唆を与える。

現物給付のシステムの中では、今後も利用抑制が進むだろうから、ボランティア団体やＮＰＯ法人の存在は、ますます小さくなっていくだろう。そうした状況のなかで、介護保険が、本当に市民福祉になっていくためにはどうしたら良いか。利用者主権や当事者主権がもっと回復される必要があろう。当事者主権にかんして、介護保険は障害者福祉の歴史に学ぶべきことがある。それが小竹の主張だ。そこから、ボランティア団体やＮＰＯ法人の提供する「枠外サービス」の再生の可能性が生じる。もちろん、行動経済学が指摘するように、一度変質してしまったホームヘルプ・サービスの意味をどう再構築するかは大きな課題だ。介護保険以前のような「ふれあい・たすけあい活動」に戻れるかどうか、難しいところだ。枠内サービスと枠外サービスの区別なども抜本的に見直す必要があるかもしれない。ＮＰＯ法人も介護保険事業者としてだけでなく、介護保険の外で自主的・主体的に活動する団体に変身する必要があろう。しかも介護保険においても、もし現金給付がはじまった場合に、ほかの事業者とどう違ったサービスを提供する団体になるのか、あらためて位置づけなおされる必要もあるだろう。そうなると制度との関わりの大きな変換になる。しかし、営利と非営利とを混合した結果、ボランティア団体やＮＰＯ法人の価値が変質してしまった現状を、打開するきっかけになるのではないか。小竹の「現金給付の再検討」は本書の中のわずか一ページ半ほどの、短い小さな提案だ。しかしそこに大きな意味を見いだすことが可能なのではないか。

超高齢社会の乗り越え方——エイジズムにどう対抗するか

現在の超高齢社会論のほとんどは、将来人口の予測を脅迫状のように使って、これまでの社会の仕組みや制度の運用を厳しく見直そうという提案になりがちだ。こうした見方は二重の意味で間違いだし危険だと思う。第一に、その危機感のしわ寄せが、社会的弱者に集中するからだ。すでに危機感がオーバーランして高齢者や社会的弱者へのハラスメントや差別に反転している。超高齢社会が「年齢差別社会」になったらとんでもないことだ。第二に、その解決の方法が、やりやすいところから始める安易な対策になりがちな点だ。はっきり言うと、後ずさりしながら対策を小出しにしていくようなものだ。年金や医療といった社会保障改革や介護保険の現状などに、その傾向を感じる。そうした対策も時には必要かもしれない。それは否定しないが、それだけでは足りない。最も必要な何かが欠けている。超高齢社会の到来は一九七三年の石油ショックと類比できると述べた。時代的にみると国民皆保険・皆年金という現在の社会保障制度が成立した直後だったことを思い出したい。あの時に、後ろ向きの改革ではなく、前向きの解決へ向かったからこそ今日の日本がある。同じように、やりやすい改革ではなく、本質的な問題の乗り越えこそめざすべきなのだ。

高齢社会の見えないエイジズム――「定年」

現在の私たちは、未来の日本像を考えたとたん、みんな魔法をかけられたように、悲観的な予測に呪縛されてしまう（注1）。「人口動態をみると、日本は少子化と高齢化が不可避的に進行している。総人口も減少しはじめた。生産年齢人口もやがて半減する。したがって年金や医療、社会保障や社会福祉を現在の水準で維持するのは困難だ」という見方のことだ。一見すると人口動態データにもとづいた科学的で客観的な予測に見える。まるで天気予報のように。本当にそうなのか、ここから疑う必要がある、いやここそ疑う必要があるのだ。このような将来人口予測を「前提」にしてしまうと、「年金や医療、福祉、介護などの水準を切り下げ、利用者負担をあげ、消費税などを増税するほかない。個人も自助努力すべきだ」という結論が自動的に導き出されてしまうからだ。このままいくとこうした「超高齢社会の予測」は、「予言の自己成就」（注2）というメカニズムによって、現実化していくことになるだろう。私たちの社会全体を呪文にかけたように。

そこまでなら、まだよい。超高齢社会に向けた政策的な転換が必要なことは確かだからだ。しかし、その先が問題である。単なる危機感に収まりきれないオーバーランが起こってくるのだ。それ

注1　超高齢社会、人口減少社会、地方消滅、無縁社会、孤独死、孤立死など枚挙にいとまがない。
注2　アメリカの社会学者マートンは、たとえ事実と違っても、人々がその予言を信じて行動していくと、結果として予言通りの現実がつくられるという現象を「予言の自己成就」と名付けた。

が「エイジズム」や「エイジ・ディスクリミネーション」(注3)だ。両者は共通している。

日本では一九九〇年代のバブル崩壊の後から始まった中高齢層の「リストラ」という名の終身雇用慣行の崩壊は、ゼロ年代の「就職氷河期」をへて、「ブラック企業やブラックバイト」を多数生み出しつつ、現在までおよぶ「雇用の劣化」に引き続いている。これらの現象の表面には見えないが奥深くにあるものが「エイジズム(年齢差別)」である。どういうことか。

「定年」という制度が日本にはある(注4)。日本以外にもあるが、日本語のニュアンスではそれが差別には見えず、一見「中立的」に見える。しかしそこに年齢差別が含まれていることは、英訳してみればすぐに分かる。定年制度とは、年齢を理由とした「Compulsory Retirement」(強制退職制度)であるからだ。英語では個人の努力や能力と関わりなく、年齢のみを理由として退職を強制する差別的な雇用システム、という含意がある。日本ではそう言われないと気づかない。しかし考えてみれば年齢を理由にする(年齢だけを理由にする)ということは、人種や性別を理由にして雇用差別をすることと同じなのだ。ここが日本では見えにくい。みんな同じように年齢がきたら退職するという社会のほうが「平等な社会」のように見えるからだ。もちろん、定年で強制的に退職させることに多少の心の痛みを感じてもいるのだろう。あえて「定年」という——「そう定まっています」という、突き放したようなそっけない用語が使われている。結果として、日本では大きな反対もなく定年制度が受け入れられている。

しかしアメリカでは違う。差別と戦う多くの社会運動が二〇世紀後半の米国社会を大きく変えてきた。一九五〇~六〇年代の公民権運動(African-American Civil Rights Movement)やフェミニズム運動は人種差別や性差別の撤廃を勝ち取った。そのあとを受けて「年齢差別こそ第三の差別だ」として湧き起こったのが「シニアムーブメント」だった(注5)。米国では一九六〇年代から七〇年代後半にかけて、高齢者NPOなどによる社会運動(シニアムーブメント)の結果、定年退職制度は「憲法違反」として禁止されるにいたった。この経緯を追うと、日本の現在の高齢者政策の問題点が浮かび上がってくる。その運動の担い手となったAARPについては、後ほど紹介することにして、まずは、なぜ、現在、高齢者差別が激化しているのか、なぜ、それが見えにくいのかを考えていこう。不思議なことに、日本とアメリカでは、年齢と差別の社会的な意味づけ方がまったく逆転してしまうのだ。

未来予測という現在中心主義

典型的なエイジズムなのだが、高齢者が社会の「重荷」だというイメージが広く流布している。じつは高齢者自身も、暗黙のうちに、この見方を受け入れてしまっているところに、問題の根の深さがある。なぜこのような見方が広がり、受け入れられているのか。

注3 両者を違うものだとする見方もあるが、年齢をみて(年齢のみをみて)差別したり優遇したりすることは同じだ。「属性のみによって人間をステレオタイプ的に分類し、異なった処遇を行う」という意味で両者は共通している。よって以後は「エイジズム」を「年齢差別」の用語として用いることにする。

注4 日本の雇用や労働慣行には、古くからあるかに見えてその起源が意外と新しいことが多い、ということを小熊英二の『日本社会のしくみ』(二〇一九)は教えてくれる。定年制度もその一つであろう。

注5 詳しくは、安立清史「米国のシニアムーブメントはなぜ成功したか」『社会学評論』(二〇〇六)を参照されたい。

第一は人口学的な言説ゆえだ。人口学は客観的なデータに基づいているように見える。しかし「年齢のみ」に注目したデータを用いるところに落とし穴がある。そこがエイジズムにつながる通路なのだ。そこから、日本の人口構成はピラミッド型からつりがね型になったとか、おみこし型から肩車型になった等の、わかりやすい俗流のイメージが形成される。こうしたステレオタイプな絵を繰り返し見せられると、これはたいへんだという危機意識が刷り込まれてしまうのだ。このままでは日本の財政は危ない、年金や社会保障、医療や介護も危ない、だから「税と社会保障の一体改革が必要だ」というような政策的な水路づけが、いともかんたんに人びとを説得してしまうのである。

第二に、こうした見方には、たしかにある種の論理性や客観性も含まれている。だからこそ多くの人（とりわけ国や地方公共団体等の行政や財政などの将来計画に関わる人たち）が、いとも簡単に説得されてしまう。ここが危ういところだ。

こうした見方には、未来予測といいながら、じつは不思議な「現在中心主義」に基づいている。どういうことか。

「未来予測」とは何だろう。どう行われるのか。将来人口予測について考えていくと、それは「現在の社会システム」を前提とした場合の将来人口の予測であることが分かる。現在の家族システム、現在の政治・経済・雇用システム、現在の人口構成比、現在の都市と地方の人口配分……ようするに現在の価値観や行動規範を「前提にしたら」将来はこうなるという予測なのだ。

ひとつ思考実験として、敗戦直後の日本を考えてみよう。「戦後ゼロ年」つまり一九四五年当時の日本を写したＮＨＫのドキュメンタリードラマがある。これを見ると様々なことを考えさせられる。戦後ゼロ年は、戦争直後で政治も経済も混乱状態、庶民は今日明日を生きることに精一杯。若い男性は徴兵されて戦場に行って戦死したり、まだ外地から帰還できずにいる。戦争未亡人や傷病者も多い。そして町には「浮浪児」と呼ばれる親を失った子どもたちが野宿したりガード下にたむろしていた。美空ひばり初の主演映画「悲しき口笛」（一九四九）は、まさにこのような戦争直後の絶望的な混乱の中から、新しい希望に満ちた若者が出現してくる物語だった。ところで当時の社会を調査して将来予測したらどうだろう。人口は極度に減少し、男女の比率も大きく歪んでいた。若い男性は少なかった。食料事情も極度に悪く、医療や福祉など無いに等しかった。仕事もなく、経済も混乱して町には闇市が……要するに、ほんのすこし昔の日本はこうだったのだ。この敗戦直後の時期に、現在のような手法で人口の将来予測を行ったらどうだったか。必ずや絶望的な未来が描き出されたに違いない。

また第三に、高齢社会を同じように経験している諸外国で、日本のような高齢社会悲観論が盛んかどうか。少子化や高齢化や人口減少が、日本のような悲観的なトーンで語られているか。イタリアやフランスの田舎で「限界集落」や「地方消滅」が声高に言われているだろうか。否である。つまり日本には、将来人口の問題に関して、どこか危ういアンバランスで過剰な危機感がはびこっているのだ。その危機感は、このままだとエイジズムに直結していきそうな（あるいはすでに結びついている）危険な人口問題意識になる。それが大きな問題なのだ。

何を言いたいか。将来予測は「現在の」諸条件からの「外挿法」だということだ。現在の政治、経済、社会条件、とりわけ社会的な価値観や家族観、社会関係や雇用条件などを、将来もこのままだとしたら未来は……という予想になっているのだ。これは人口学や将来予測の科学性を疑うものではない。しかし未来は、現在からは予測しがたい様々な要因によって影響されるのではないか。その一例が、戦争直後のもっとも困難な時代に「団塊の世代」というベビーブームが起こったことだ(注6)。なぜこのようなことが起こったのか。「社会」はじつに不思議で謎に満ちている。人口データだけで将来が予測できると考えるのは、未来を見ているようでいて現在しか見ていないのではないか。

こう考えると、日本社会をおおっている「高齢社会悲観論」は問題だらけなのだ。このペシミズムは、高齢者の差別へと転回する。ここをしっかりと見ておかなければならない。

エイジズム——定年という諦念

ここですこし「エイジズム」とは何かについておさらいしておこう。日本以外にもエイジズムはある。しかしそれをどう意識化したか、どう社会的に解決しようとしたかで大きく異なる。

エイジズム(Ageism/Agism)という用語は、ジェロントロジー(老年社会科学)の創始者の一人ロバート・バトラー(Robert N. Butler)により提唱されたとされている。「年をとっているという理由で高齢者たちを組織的に一つの型にはめ差別すること」がその定義である。そして、エイジズムは以下の三つの要素のコンビネーションで構成されるという。

老人、老齢、老化についての偏見的な態度

老人に対する差別的な習慣的行為

老人に対するステレオタイプを存続させる制度やポリシー

例えば、高齢者は性欲がなく性的な問題とは無関係であるといった言説や、個々人の能力を鑑みず年齢を理由に役職を退くべき、運転免許を返納させるべきといった言説がエイジズムに相当する。また、同じく老年社会学者のアードマン・B・パルモアは、医療費の無償化制度のように、高齢であることを条件に優遇することもエイジズムであると述べ、前者を否定的エイジズム、後者を肯定的エイジズムと呼んだ。

さて、日本にも昔から「姥捨て伝説」があるように、高齢者を無用な存在とみて、社会的に排除しようとするエイジズムがなかったとは言えない。それにたいして仏教的な価値観や儒教的な道徳観念、「イエ」共同体の規範などで対抗してきたと言えよう。いずれにせよ、放っておけば、エイジズムは自然と発生し、自然と拡大していく。人種差別や性差別と同じように、最初は年齢の「区別」だったかもしれないが、それがステレオタイプの鋳型にはめ込まれると、差別につながるメカニズムが働くのだ。

こうして、個々人がもつ個性や人間性、努力や能力を無視して、年齢に付随する固定観念（ステレオタイプ）や年齢規範（Age Norm）をもとに個人またはある一定の年齢集団を一面的に捉える差別的な偏見が形作られる。しかも自然発生的に進むことが多いので、それが「差別」だと自覚されにくいのだ（注7）。たとえば次のような説明がある。「定年制度には多くのメリットがある。スムーズ

注6　世界的に第二次世界大戦後にベビーブームが起こったことが確認されている。しかしどの戦争も必ずこのようなベビーブームを引き起こしたのだろうか。この不思議を解明した研究には、まだお目にかかったことがない。

注7　「定年」制度は、人を「会社（≠社会）」から締め出す制度だ。人はそこに含まれている残酷なニュアンスに潜在的に気付いているのかもしれない。だからことさらに「定年」という価値観を含まないニュートラル（に見える）用語が使われているのだろう。

に世代交代が進むし、だれにも平等におとずれる年齢だけを理由にして退職者が決まって世代交代が進む。それによって会社組織や社会システムが若返って、組織の活力が更新されていくのだ」というのである。もっともらしく聞こえる。そのような効果はあるかもしれない。でもこの見方は、やはり人間よりも会社や組織を重視する「上から目線」の論理だ。引退後に家族や孫の世話、地域の活動などやるべきことがたくさんあった時代にくらべ、現在でははるかに「社会」の縮小が進んでいる。「社会」とはほとんど「会社」のことになってしまっている。「会社や組織への所属」を失うことは、ほとんど「社会」を失うことに等しい。かつてよりも「退職」は人生にはるかに大きな影響を与えるのだ。

そして、こうも問い返したいのだ。では定年制度を撤廃した米国は、世代交代が進んでいないのか。年齢や性別や人種の差別を撤廃した米国は、むしろ日本よりも経済も好調だし世代交代も進んでいるのではないか、と。「定年」という「年齢差別」そのものと言って良いむき出しの仕組みよりも、もっと別のあり方があるのではないか、と。

エイジズムと戦う――アメリカの高齢者NPO

高齢者をはやめに会社から退職させ、若い世代と入れ替えていく――そのほうが会社にとって給与水準も抑えられ、労務管理や生産過程でも効率的で合理的な方法だ。そう考える経営者は少なくないだろう。自由競争の資本主義の市場経済ではそうなっていくのが当然ではないか。だとしたら資本主義の最前線をいくアメリカで、高齢者の早期解雇が激しく起こっているのではないか。そう予測される。ところがじつに意外なことにアメリカには「定年退職」という制度がない。正確には憲法違反とされ一九七〇年代に段階的に撤廃された。いまでは四〇歳以上の労働者に対する年齢を理由とした雇用関係、雇用条件、賃金、配置、役職などのあらゆる就職差別は連邦法によって禁じられているのだ。なぜだろう。これは不思議だ、大きな謎だ。資本主義社会の自由市場や自由競争の原理と逆行するように見えるからだ。

もちろん米国でも定年制度が自然に撤廃されたのではない。その歴史を調べていくと、なかなかに奥深いドラマがあったのだ。すでに何度も紹介してきたことではあるが、アメリカの定年制度撤廃の歴史をかんたんにふりかえってみよう（注８）。

アメリカ最大のＮＰＯのひとつＡＡＲＰ（旧称「全米退職者協会」）は、一九五八年、エセル・パーシー・アンドラスというひとりの女性の退職高齢者（全米初の女性の高校長になった人である）によって始められた。前身である「退職教員協会」は一九四七年発足だが、アンドラスさんが定年退職した当時、アメリカには公的医療保険がなく、年金額も低く、高齢者福祉はおくれていた。さらに「年齢差別」は大きく、高齢者は病気になりやすいと見られ、民間の医療保険は高齢者には高額に設定されて民間保険には加入しにくい状況だった。アンドラスたちは、政府による医療や福祉を求めたが、

注８　詳しいのは安立清史（二〇〇八）だが、田中尚輝・安立清史『高齢者ＮＰＯが社会を変える』（岩波書店　二〇〇一）でもコンパクトに紹介している。

実現を待つだけでなく、自分たちで非営利の社会事業を起こし、可能なことを自分たちで担っていこうとする起業発想でＮＰＯの会員になると「グループ医療保険」に入れるという仕組みを始めた。当初、高齢者のグループ医療保険という発想は、保険会社に断られつづけたが、小さな保険ブローカーがこれに応じて「高齢者の団体医療保険」が始まった。これが高齢者の老後の健康不安にうまくマッチして大成功、ＮＰＯも急拡大した。現在では公称では三七〇〇万人の会員があり、シニア事業を広範囲に行っている。なかでも注目されるべきは議会の監視活動とメディアを通じたエイジズムへの対抗活動だ。ＴＶ番組やラジオ番組を自ら作るだけでなく、連邦政府のみならず全米五〇州の州都すべてに事務所をかまえて常時、議会を監視する活動を行っている。連邦政府や各州が高齢者に不利な政策を行わないか、つねに全国で議会を監視していて、何かあれば会員に伝えてソーシャルアクションを起こす。また高齢者の会員相互の助け合い活動にも積極的で、たとえば「未亡人サービス」では家族の死別などがあると近くの会員が励ましに駆けつける。高齢者のための運転教室を連邦政府と共同で実施したりしている。アメリカではこうしたＮＰＯのシニアムーブメントを通じて「定年制度」が、年齢を理由とした差別的な解雇（「エイジズム」）であり憲法違反であるとされ、段階的に廃止されることになった。政府と独立した立場から活動した高齢者ＮＰＯが、アメリカ社会を大きく変えたと言える。

英国でも、Age Concern と Help the Aged という二つの大きな高齢者団体があったが、二〇〇九年に合併して「Age UK」という巨大な団体となっている。この Age UK も、ＡＡＲＰと同じように高齢者のための様々な活動を行う民間非営利組織だ。年金などの経済的アドバイスや健康保険、高齢者の就労の斡旋、高齢者政策のアドボカシーなど様々なサービス提供を行っている。高齢化が進むと世界各国で、こうした高齢者団体が現れてくるのだ。こうした団体の世界的なネットワーク組織として「Help Age International」も有名で、アフリカ、南米、アジア、東中欧、カリビアン諸島などの五〇ヵ国で、貧困高齢者のための国際活動を行っている。

日本ではどうか。戦後すぐに「老人クラブ」活動が始まり、今では「老人クラブ連合会」に全国の約一一万クラブ、六七〇万人の会員が加入しているという。でも日本の老人クラブ活動は、高齢者によって始められた活動というよりは、各地の社会福祉協議会によって組織化されていったものに国や行政が財政的支援を行うという、いわば上からの組織化で形成された親睦団体という特徴がつよい。政府から独立して活動し、政府の政策や制度を変えていったアメリカのNPOとの違いは大きい。

さて、なぜアメリカでAARPのような「高齢者による高齢者のための社会運動やNPO」が起こったのか。なぜ日本では、高齢者の当事者団体が、社会運動にはならなかったのか。ここには、なかなか深い問題があるように思う。

高齢者NPOへの批判と反批判

AARPという高齢者NPOは、知れば知るほど「問題も多い、論議をよぶ（controversial）」存在だ。毀誉褒貶、様々な批判や非難も多い。いわく「数の力を武器に政治に介入するワシントンD.C.最強の圧力団体」、「自分たちの利益しか考えない貪欲な高齢者団体」、「世代間の分断を引き起こして若い世代との協調を破壊する団体」等々（注9）。

こうした悪評は、現実の政治世界でＡＡＲＰがきわめて強力な力をもつ団体であることの証明のようなものである。ちなみにＡＡＲＰは政治団体ではなくＮＰＯである。だから「政治活動（政治家への献金や特定の政党や候補者の推薦や選挙応援など）」はしないし、出来ない。しかし政府の高齢者政策を、会員に伝える「情報活動」はＮＰＯの役割である。政治活動は出来ないが、情報活動は本来の使命である。この微妙な分岐点から、その独特な政治的な力が発揮されることになる。ＡＡＲＰの力の源泉は、会員の数の巨大さ（全米の五〇歳以上シニアの四割以上が会員だという計算になる）にある。巨大な高齢者層は投票率も高く、その数による投票時の政治的な影響力は大きい。とくに政府の高齢者政策には、きわめて敏感に反応する。さらに独自のシンクタンクを持って政府への政策提案も行うし、豊富な資金力を駆使したロビイング活動を行っている（注10）。

私たちが日本にＡＡＲＰを紹介した時の初期の典型的な反応はどうだったろう。「これはすごい、アメリカ以上に高齢社会の日本では、アメリカ以上にこういう団体が必要だ。すぐにも日本版ＡＡＲＰをつくりたい」という声と、「公的な医療保険のないアメリカだからＮＰＯの提供するグループ医療保険が成功したのだろう。日本とは事情が違いすぎて参考にならない」という両極の反応だった。

前者はおもに大きな企業（ことに人事部）や労働組合などの関係者の反応で、「わが社だけでも、毎年、数千人の退職者がでます。毎年の退職者を組織化すれば、すぐに巨大な高齢者団体ができます」というのだ。典型的な「上から目線」でのビジネス発想だ。たしかに大企業の組合などは、退職者の面倒までよく見ているし、退職者も「わが社」意識が強くて、すぐにでも日本版ＡＡＲＰが出来そうな勢いであった。でも、うまくいかなかった。何かが違ったのである。

後者はおもに学者や研究者、政府や行政関係者からの声だった。先進国で唯一、公的医療保険のない「福祉後進国アメリカ」だからＡＡＲＰのようなＮＰＯがすきまを埋めたにすぎない、というのだ。その後のオバマ・ケアを見ていても日本よりもはるかに内容的に見劣りする半公的医療保険のようなものですら苦労しているではないか。それすら批判をあび攻撃されているようなアメリカなのだから日本の参考にはならない、というトーンだった。

両方からの批判、当たっている部分も少なくない。でも、それだけではないと思う。社会学的に見てもアメリカのＡＡＲＰは、じつに興味深い考察対象なのだ。

ひとつめは、ＡＡＲＰの組織化原理が、矛盾やパラドクスをふくんでいる点だ。ＡＡＲＰの入会資格は、五〇歳以上のシニアというだけ。人種、性別、職業、宗教や信条、いっさい問わない。つまり、年齢を理由とする社会的差別に対抗するのに、年齢による組織化の原理を用いている。これは考えると逆説的で自己否定のようでもある。矛盾を含んだ組織原理なのだ。じっさいに、定年退職制度を撤廃においやった後で、この団体はAmerican Association of Retired Persons（全米退職者

注9　グループ医療保険を引き受けた小さな保険会社はその後、全米有数の巨大な保険会社となった。そして、その独占的な地位を利用して様々なスキャンダルも引き起こした。

注10　５０１（ｃ）４というＮＰＯ団体であるＡＡＲＰには、議員に働きかけるロビー活動が法的に可能だ。むしろ全米の高齢者を代表して政治家に高齢者の要望を伝えることは民主主義上も望ましいこととされている。

協会）という名前を捨てざるをえなかった。運動の成果として「定年退職者」が消滅してしまったからだ。この団体が名称を変更した後も依然としてパワフルなのは「定年制度」以外にもエイジズムは至る所に存在していて問題や課題の種がつきないからである。その一例が市場や広告における高齢者のステレオタイプ化などの暗黙のエイジズムだ。

ふたつめは、ＡＡＲＰは「非営利」と「営利」の境界線上にある、両義的な組織なことだ。その理由は、高齢社会ではシニア層が巨大なマーケットでもあるからだ。ＡＡＲＰのウェブを見ると、会費は安く（年間一二ドル程度）、会員になるとグループ医療保険に入れるだけでなく、様々な保険にもディスカウントで入れるし、会員証を提示すれば、レンタカーやホテル等も割引きになる。おまけに二ヶ月一度、ファッショナブルな会誌も送られてきて、ショッピング情報やディスカウント・クーポン盛りだくさん。まるでショッピング倶楽部の会員になりませんか、ならなければ損ですよと言わんばかりの広告戦略だ。どこが社会的なミッションか、とも思う。でもこれがアメリカ流のＮＰＯ戦略。社会的影響力を持つためには、まずは会員拡大、その数の力は、市場を動かす力にもなる。経済を動かし政治を動かす。とりわけ現代社会では、消費と市場を通じて、社会の価値観が変わっていく。ワシントンＤ．Ｃ．にあるＡＡＲＰの本部を訪問したとき、雑誌の編集部やテレビ・ラジオの制作現場も見せてもらった。制作者たちは、市場と商品を通じてエイジズムを改善していくという抱負を語っていた。エイジズムの感じられる広告や商品を排除し、エイジズム・フリーの広告や商品を通じて社会を変えたいというのだ。建前かもしれないが、本音かもしれない。現代社会は、消費を通じて世界観が変わっていく社会なのだから。でも消費を通じてエイジズムを変えていくという戦略は、「営利すれすれの非営利」という、綱渡りのような両義的性格を、AARPに与えている。免税団体であるNPOゆえに、連邦政府や州政府とは「免税と課税の範囲について、見解の相違がある」として何度も係争になった。ワシントンD.C.の議会公聴会でも追求された。しかしこの営利と非営利の双方を行うところに、このNPOの不思議な力、きれい事の理念を語るだけでない、現実社会へ切り込んでいく力を見ることができる。

日本からみると不思議なことの三つ目は、年齢（だけ）を根拠にした連帯が、なぜこんなふうに可能なのかという点である。日本では、ふつうは組織化の原理にはなりえない、きわめて弱い絆だ。年齢という共通性だけで、なぜ米国で最大級のNPOの連帯原理になるのか。ここにも不思議がある。おそらく米国の社会運動には、日本にはない独特の「普遍的連帯への信頼」があるのだ。たとえれば「神のもとでの平等」のような価値観である。個別の企業や会社、特定の国や地域や地元への所属意識よりも、普遍的な価値や信仰への帰属が上位にあるのだろう。その観点からすると、人間が人間を差別したり、人間の作った政府や会社が、わがもの顔で恣意的に世界を支配することが許せない、となるのだ。「人による支配」よりも上位に「法による支配」をおく社会観念。これはおそらくキリスト教的な社会観に由来するものだろうが、日本と大きな違いがある。だから、米国は個人主義で日本は集団主義だと言われるのに、年齢差別や性差別の問題では、逆に米国のほうが日本よりも団結や連帯が容易なのである。

いずれにせよ、現在の日本では、エイジズムが深刻化しているのに、それを可視化して社会に訴え、高齢者を代表してくれる政党も当事者団体も、ほとんど見あたらない。必要なのにない。すぐ出来そうなのに出来ない、というのが日本の高齢者の連帯なのだ。

ペシミズムのエイジズムへの反転

なぜ超高齢社会への悲観論（ペシミズム）がエイジズムへ反転するのか。そこには現在の世界の混乱状況――ブレグジットやトランプ現象のように、グローバリズムの世界から突然ナショナリズムが吹き出してくる――と同じメカニズムが働いているのではないか、と考えられるのだ。どういうことか。

二〇世紀の前半、世界にはナショナリズムの嵐が吹き荒れた。二度も世界大戦が起こって疲弊しつくし、その中から国連（注11）やEUといった「インターナショナリズム」の世界観や機構が生まれてきた。そして東西冷戦後には「グローバリズム」が席巻して、世界はひとつの球体のような世界になっていくのか、とも思われた。ところが二一世紀に入ると宗教対立やテロリズム、そしてさらには形を変えた経済戦争が始まり現在に至っている。これはいわば歴史の流れに逆行した「季節はずれのナショナリズム」なのではないか。本来、ナショナリズムの季節はすぎて、インターナショナリズムへ、そして現在はグローバリズムの季節なのに、というわけである。

でもこのメカニズムは見やすい。グローバリズムがあまりに強力・強大になりすぎてきたので、英国も米国も、のみならず世界中の国民国家が脅威を感じて慌てはじめたのだ。このままでは国家の権限も存在理由も危うくなる。英国や米国の行動はグローバリズムによって既得権益だけでなく存在理由すらも脅かされるに至った「国家」が、危機感をばねに、なりふり構わず自分たちの生き残りを主張しはじめた姿なのだと考えられる。

これは日本の「定年制度」が支持されるメカニズムと似てはいまいか。そして近年様々な論議を呼んだ「地方消滅」論の論理にもそっくりではないか。

「地方消滅」論はこういう論旨だった。少子・高齢化がこのまま進むと、平均的に日本全体の人口が減少していくのではなく、まず「地方」が消滅の危機に瀕する。若い年齢層、とりわけ一〇代から三〇代の女性たちが「地方」から流出して都市部に行ってしまうからだ。進学や就職で都市部に行った若者層は故郷には戻りにくい。高学歴女子に適した仕事は少ないからだ。かといって都市部で結婚して出産するわけでもない。東京のような「人口ブラックホール」で晩婚化・非婚化していく傾向がデータからも裏づけられている。このままでは「地方」の自治体は出産可能な年齢層の若者たちを失って「消滅」の道をたどる。そこで日本全体が共倒れになる前に、地方の中核都市を人口減少の防波堤ダムのようにする。コンパクトシティ化して行政サービスを中心部に集約するという発想が生まれる。でも、ちょっと待ってほしい。これは災害時の救命医療の「トリアージ」（もっとも重症な者からでなく、救命治療が可能な者から救助をはじめる）に似てはいまいか。

これは合理的に見えるのかもしれないが、合理的すぎて不条理ですらある恐ろしい見方だ。合理性と効率性がオーバーランしている。これは生物の生存が脅かされた時におこる自己防衛反応に似

注11　国連とはUnited Nationsなので、本来的には戦勝国の連合体という意味なのだが。

ている。追いつめられると、このように人間感情を押しつぶすようなオーバーランが現れるのだろうか。日本の「地方消滅」の現状は、そこまで追いつめられた状態なのだろうか。この論理を多少誇張すれば、「日本のみんなのために、消滅しそうな地方は犠牲になってくれ、高齢者は諦めてくれ」と言っているようなものだ。

ブレグジットやトランプ現象は、外に向けられている。しかし、外に向けられない危機感は、内側に向かうことになる。それこそ、現代のエイジズムの正体なのではないか。

もちろんナショナリズムとエイジズムを同一視はできない。でも、根底にあるのは、ある種の閉塞感と不安感、そして座して消滅への道をたどるよりは思い切った策をという発想。それが外へ向かうとナショナリズム、内へ向かうと外国人排除や性差別そして年齢差別へと転化していくのだ。このままでは危ないという危機感が、ナショナリズムとエイジズムには共通している。これこそ危ない。

エイジズムの乗り越え方

エイジズムは、現在、世界を席巻している「季節はずれのナショナリズム」に似て、これまでの年齢差別とは違って、グローバル化時代の社会の閉塞感や危機感をばねにして生じてくることを見てきた。では、こうしたエイジズムを乗り越えるには、どうしたら良いのか。

エイジズムもナショナリズムも、それが愚かな差別であることを、当事者も周囲も認識していない（できない）ところに解決の困難さがある。とりわけ日本では、そうと意図せず年齢差別を行っていることが多い。こうした不可視性に対抗するには、それを差別だとはっきりと可視化していく必要がある。それを成し遂げたのが米国のＡＡＲＰなどのシニアムーブメントだった。差別された当事者による社会運動は強力である。米国では公民権運動、ブラックパワームーブメント（黒人解放運動）、フェミニズム運動、障がい者の自立生活運動など、「当事者」たちによる社会運動が、差別問題の解決にはたした役割は大きかった。社会運動だけで差別が解消するわけではないが、法的・制度的に社会運動の論理と正統性が確立したのは、年齢差別に対抗する高齢者の「当事者団体」の組織化が有効だったからである。日本でも果たしてこれが可能だろうか。

では、日本でエイジズムを乗り越えるには、どうしたら良いのか。

簡単ではない。唯一の「正解」はないかもしれない。しかし必ず何らかの「解」があるはずだ。まずは、次の三つのステップを踏みながら、解に向けて歩み出すことが必要なのではないか。

第一は、様々な場面や局面で自然発生的に生じてしまう年齢による差別的な行いを、それが差別であるということを、はっきりと意識化することだ。不可視のものを可視化していくことだ。たとえば「定年制度」や「リストラ」などが、あたかも自然なことのように受け取られている現状を、意識化によって変えていかなくてはならない。そうしなくては、人権侵害や差別の助長・拡大が、今後、ますます酷くなっていくだろう。早期退職やリストラは、経営にとって（短期的には）プラスに見えるかもしれない。しかし中長期的には、会社のみならず社会への信頼を傷つけるものだ。そうなると介護保険や公的医療保険など、これまでの日本を支えてきた社会保障や社会福祉の足元も崩れ去っていくおそれがある。「会社」は短期的には延命するかもしれないが、「社会」は縮小し、分断されていく。「失われた二〇年」の原因とされる「デフレの負のスパイラル」と似ている。敗戦後の日本の復興が、社会全体の連帯の活力によっていたのと真逆の方向で、分断と孤立につながる。超高齢社会の大きな問題だ。

第二に、差別や人権という抽象的な概念だけでは弱い。このグローバル化時代の大きな潮流に対抗できないだろう。どの国もどの企業も、なりふり構わぬ生き残り戦術をとってくるだろうから。対抗するには日本社会がより深く納得できるような論理の道筋が必要になる。それは差別だと言い立てるだけでは解消に向かわない。人間を年齢で見ないほうがベターであり、社会にとってもメリットも大きいことを、説得できる論理や実例が必要だ。限られた年齢層だけの組織よりも、多世代型の組織、世代間の協調や協働があったほうが、どのように社会的効果が高いかという実証や実践も必要になるだろう。

第三に、その上で、当事者の団体が、しっかりと声をあげ、社会運動としてアドボカシーを行っていく必要がある。日本の雇用の劣化は、労働者側が分断され、労働組合などの当事者組織の力が弱くなった時期と重なっている。企業経営者や政府・行政のパターナリズム（注12）に期待していては、事態は悪化するばかりかもしれないのだ。米国のＡＡＲＰは、当事者の社会的な団結が、社会を変えることを実証してきた。

第四に、本書で様々な角度から論じたように、「非営利」という社会組織のあり方を、もう一度見直すことが必要だ。広い意味での経済は、企業だけが担っているわけではない。高齢社会では退職した人たちも消費者として経済の重要な部分を担っている。「非営利」は市場や企業組織を否定することでも対立することでもない。むしろ多様な社会のあり方を補完しながら創造していくものでもある。ＡＡＲＰはシニア市場が巨大なものであることを示した。放っておけば市場の外部へと排除されてしまったかもしれない人たちの、社会の内部への包摂の重要なメカニズムとして非営利組織は機能している。介護保険や社会福祉の社会的機能とはそれなのだ。

第五に、エイジズムの問題は、じつは誰もが潜在的に当事者なのだ。差別することは、いずれ自分たちが差別される側になって回帰してくる。誰もが持つ加齢による問題――あることをないことにして見ないというのは、問題の先送りだ。映画監督の黒澤明が言うとおり、恐怖映画では、中途半端に見える時に恐怖感はもっとも高まる。はっきり見据えなければ、不安と恐怖の高まりで日本社会はますます萎縮していくに違いない。

結びとして

あらためて、では、日本の超高齢社会を乗り越えるには、どうしたら良いのか。万能の「正解」、唯一の「答え」はないというべきだろう。でも問題ごとに、いくつもの「解」は考えられる。

注12　いわゆる「トリクルダウン理論」（上が富めば下にしたたり落ちてくるという説）などもその一例だ。

繰り返しになるが、第一は、高齢者の当事者団体が組織されて声をあげるべきである。「定年制度」のもつ年齢差別的な側面への疑問の声があまりにも小さい現状では、高齢者による高齢者のための高齢者運動が、もっともっと必要である。意識的な声こそが社会を変えていくだろう。

第二に、高齢者だけでなく年齢横断的な多様な世代が入り交じった新しい組織が必要だ。たがいに年齢を意識しないような活動や団体、そうした組織の有効性が認められれば、日本に固有な一斉採用、一斉退職、といった機械的な組織運営が「非合理」だと証明されていくだろう。たとえば、職人的な技芸や演劇や芸術の世界では、昔から年齢など関係ないはずだ。大学や教育や研究機関などでも、そうした可能性を広げていけばよい。

第三に、年齢を意識しない、させないことの有効性は、意外なことに今後、確実に拡大していくはずなのである。インターネットテクノロジーやAIの発達にしたがって、年齢を超越した人間の能力、人間の中に蓄積されたノウハウや知恵が、社会的な有効性を発揮する領域は拡大するはずだ。高齢者と若者が、対立しながら同じ仕事をしていく必要はない。むしろ、多様な世代の多様な役割分担が有機的に結びつく、それを新時代のテクノロジーが支援していけばよい。

人間が「年齢」を意識すること、他の人間を年齢で見てしまうことは、どうしようもない人間の本姓でもある。他者の「性別」や「人種」を識別し、意識するということが、生得的にプログラムされていることと同じく、他者の「年齢」に敏感に反応するというのも、人間にとって避けがたいことである。しかし生物学的にプログラムされていることと、社会の中で「差別」を解決していくことは、まったく独立に可能なことなのだ。

＊

私たちがいま落ち込んでいる隘路、グローバル化によって日本社会が窮地に立たされている状況、世界経済の中で日本経済が苦境に立たされていることは、たしかに少子化や高齢化という人口構造の変動が大きく影響している。しかしそれを後ろ向きに考えても事態は少しも好転しない。むしろ、ここは冷静になって、日本社会をよりよい方向へと転換するための好機にすべく、熟考した次の一手を指すべき時なのである。

結　「千と千尋の神隠し」はどんな解を見つけたか?

超高齢社会の「本当の幸い」

「銀河鉄道の夜」のジョバンニは「本当」以上の「本当の本当の幸い」を求めています。でもジョバンニにも宮沢賢治にも、それがどういうものか、分かりません。本当の本当が、本当にあるのか、それすらも分からない。だからそれを求めて「銀河鉄道」に乗っているのです。それが見つからなければ自分も世界も本当には救われない、そう信じています。「本当の幸い」という究極の目的地を求めているのがジョバンニです(注1)。

「千と千尋の神隠し」ではどうでしょうか。「銀河鉄道の夜」のような目的地はありません。そこがこの映画の特徴です。千尋の父母は「理想的なお父さんとお母さん」でしょうか。そうではありません。子どもを邪険に扱う、わがままで自己中の夫婦として描かれています。貪欲さゆえに豚に

注1　ジョバンニは「ぼくたちどこまでもいっしょに行こうねぇ」と元気よく語りかけるのですが、カムパネルラは「ぼく分からない」と揺れ動く心情を吐露しています。宮沢賢治の中にも「本当の本当」をめぐって深い亀裂と懐疑があったのでしょう。でもそれはあるはずだ、それを目指さなくてはならない、というのが宮沢賢治の思想だろうと思います。

なってしまった両親を、無力な一〇歳の子どもが懸命に助けるという屈折が入っています。おそらく宮崎駿監督は、宮沢賢治が求めていた「本当の本当」を信じていません。そこに「千と千尋の神隠し」の現代性があると思います。

ジョバンニとカムパネルラは「本当の本当」を信じています。でもそこにたどり着けないところに「銀河鉄道の夜」の深い悲しみが宿っています。それにたいして「正解」がない世界をなんとか生きようとするのが「千と千尋の神隠し」です。この世界の先に「本当の本当」を求めないところが、この映画のすごいところだと思います。

千が湯婆婆と対決する最後のシーンにそれが現れています。ここは宮崎監督が考えに考えぬいた「千と千尋の神隠し」最大の山場です。普通の映画なら、ことにディズニー映画ならば、ここは正義と悪との最終対決ですから、かならず正義が悪を打ち倒すはずです。悪にとらわれていた人たちを解放するはずです。そして新しい王や女王が正義の国をつくるはずです。それが夢の実現だからです（注2）。ところが「千と千尋の神隠し」ではそうなりません。千は見事に「大当たり」を引きあてますが、そこで映画は終わります。湯屋を支配する湯婆婆は打倒されません。湯屋の世界の人たちやブラックな労働環境もそのままでしょう。これはいったい「解決」なのでしょうか？　解決されたのは千尋一家の三人だけではないでしょうか（注3）。残された人たちは、前と同じ世界に残されたままです。これで良いのでしょうか。でも、ここからが本当の考えどころだと思います。

宮崎監督はこう考えたのではないでしょうか。アメリカ映画のような正義の思想、悪を打倒して世界を正そうとする発想こそ、この現代世界の対立や紛争、テロリズムを引き起こすものではないか。ヒーローやヒロインが世界を正しく解決するという発想こそが、世界をさらに狂わせるのではないか、と。

私はこう思うのです。「千と千尋の神隠し」の終わり方が示すメッセージとは、グローバル資本主義の世界観に抗して、別の道や別の解がありうることを示すことだったのではないか、と。でも、それはとても微妙です。はっきりこれだと図示できるものではないからです。絵にしたとたん、ディズニー映画の世界と似てしまうからです。

超高齢社会も、湯屋の世界に似ています。問題は山積です、すぐにでも解決しなければならない課題がたくさんあります。でも、これをヒーローやヒロインによって解決しようとすると、それが新たな歪みを生み出してしまうのではないか。千尋が湯婆婆を打倒したとたん、こんどは千尋が第二の湯婆婆になってしまうかもしれないからです。

超高齢社会に「正解」はあるか？

超高齢社会は「問題」なのでしょうか、「正解」はあるでしょうか。これは難しい問いなのです。

注2　アメリカの建国以来の価値観がそうなのです。まさに正義の「ミッション」を掲げた新しい世界づくりこそアメリカの建国精神です。それはあまりにも正しすぎる価値観かもしれません。特に現在の世界をみると。

注3　ハクも名前を取り戻しました。でも湯屋の世界から脱出できるのでしょうか。戻ろうにも小川は埋め立てられてマンションになってしまっているのです。ハクはどうなったでしょうか。これも映画では語られていないことです。

そんなものはない、と言いたいところですが、そうもいきません。現実の世界では、解決という目標がないと政策を打ち出すことができないからです。だから正解や解決があるかのように進んでいくのです。

「エビデンスに基づく」医療や介護が、現在のトレンドになっています。介護の世界でも要介護状態の「改善効果」が求められるようになりました。介護予防、アルツハイマーや認知症の「新薬による予防や治療」、いずれ iPSを応用した根治療法なども出現してくるかもしれません。

だから、すこしおかしくないでしょうか。これは超高齢社会の問題の解決なのでしょうか。老化を防止する新薬が開発されたりして高齢者を不死なほどまでに長命化することが「解決」でしょうか。それは逆説的に「高齢者」という存在を否定すること、高齢者という存在を社会から見えなくしようとする発想に近いのではないでしょうか（注4）。

だから、こう思うのです。超高齢社会の本当の課題は、原因を「解決」するだけでなく、要介護状態や生活課題をかかえて生きる人たちと、より良く共存することなのではないか、と。それを考えるために、最後にもういちど「銀河鉄道の夜」と「千と千尋の神隠し」の話に戻ります。

「千と千尋の神隠し」は、どんな解を見つけたか？

「千と千尋の神隠し」のラストシーンは、主人公がすべての「問題」を解決するものではありません。ドラマの始まりと終わりでは、ほとんど世界のあり方に違いがないのです。ここにはどんな思いが込められているのでしょうか。

この映画では、物語の最後に、湯婆婆との直接対決があります。この映画の真骨頂のシーンです。湯婆婆からは「さぁ、父母を助けるチャンスは一回きりだよ」とプレッシャーをかけられたあと、どれも同じように見える豚たちの中から父母を発見しなければなりません。この息詰まるシーン、若者にとっては入学試験のように見えるでしょう。あるいは就職試験の最終面接のように思えるかもしれません。超高齢社会に直面した私たちにとっては「さぁ、これが社会保障や介護保険の選択肢です。この中からひとつだけ選んで下さい」と、迫られる場面のようでもあります。私たちは、限られた選択肢の中から、否応なく何かを選択させられます。これだと思うものが見つからなくても、たとえ選択しなくても、選択したことになってしまうのです。それがやがて私たちの無力感や諦めのようなものに変質していきます。高齢社会悲観論の正体です。

ところが千尋はどうだったでしょう。ご存じのとおり「この中に正解はない！」という「正解」を一発で言い当てます。これはまさに驚くべき「答え」ではないでしょうか。いま示された選択肢のほかに、ちがう選択肢があるはずだ、他の道がありえるはずだ、そう答えているからです。もっといえば「問い、そのものが間違っている」と見抜いているからです。

ふつうの私たちには、言えない答え、大人になると見えなくなる答えです。「超高齢社会」という見方や問いかけは、この湯婆婆の問いかけに似たものがある。答えはそこにないのに、あるかのように運命のようについてくるはずです。

注4　もちろん画期的な新薬や治療法が発見されれば、それは素晴らしいことです。しかし、それでも加齢という現象は、運命のようについてくるはずです。

ように見せて、どれかを選択させる。これは強引な見方でしょうか。でもこのように考えると、この映画は、何倍もその意味を深めて受け取ることができるのです。

「この中に正解はない！」――これは「銀河鉄道」や「水中鉄道」をくぐってきたからこそ言えた答えなのです。このシーンは何度みても鳥肌がたつ思いがします。

千尋は一〇歳の少女でした。世界に対する不平や不満ばかりで「ブーたれていた」彼女が、湯屋のブラックな世界へ放りこまれて苦労を通じて、どう成長したでしょうか。正義や正解を求める普通の大人になったのではありません。湯婆婆を打ち倒すようなスーパーヒロインになったわけでもありません。もし湯婆婆を打倒したら、今度は千尋が湯屋の主人になり代わってしまうかもしれません（注5）。そうではなくて単純な正解を求めない人間へと成長したところが凄いのです。

千尋が「沼の底」でつかんだもの、それは「銀河鉄道の夜」ともディズニー映画の世界観とも違ったものだと思います。「千と千尋の神隠し」の終わり方を思い返して下さい。湯屋というブラックな世界の抱える問題は、この映画では、実は何ひとつ解決されないままです。解放されたのはたったの三人。ですから、これで本当に「おしまい」にして良いのでしょうか。でも、そうではありません。湯屋で働くみんながこれを「大当たり！」と大喜びしてくれるシーンが重要です。ここで、私たちは一挙に感動に包まれます。心が揺り動かされ、とても勇気づけられるのです。それはほとんど救済感と言ってもいいかもしれません。どうしてでしょうか。

この世界に唯一の「正解」や「解決」はないかもしれない。でも、この世界には無数の「解」がある。小さいかもしれない、不十分かもしれないが、無数の解がある。それに拍手喝采してくれる人もいる。そう感じさせてくれるからだと思います。超高齢社会の福祉や介護や社会保障に、唯一の正しい道などありえません。そうした中で、通常の道とは逆の、とても困難な選択をしても、きっとそれを理解して「大当たり！」と大喜びしてくれる人がいるのだ。そう信じさせてくれるのです。それは、この世界の中で、悩み、苦しみ、困って途方にくれた経験のある人たちでしょう。そうした人たちの中で生きていこう、そういう生き方の中にこそ「大当たり」があるのだ、と。そう言っているのではないでしょうか。

千尋が引き当てたのは「大正解」ではないかもしれません。でもそれは「大当たり」なのです。湯屋のみんなが大喜びして祝福してくれる。そこにこの映画の大きな喜びと解放感とそして救済感の集約点があります。これは、超高齢社会に生きる私たちへの、心からのエールではないでしょうか。そう、それでいい。それこそ「大当たり」なのだ、と。

注5　二〇世紀の様々な「革命」とその後の独裁政治の到来の経験は、そのことを傍証してくれています。

あとがき

「高齢化、高齢社会、超高齢社会」…こういう見方で社会を考えることは、もうやめようではないか。執筆を終えた今、ますますそう思うようになった。でも、年齢を意識して人間を見てしまうこと、これは手ごわい人間の性（さが）なのだ。年齢や性別、人種といった外見から人間をみてしまう――この呪縛からは、そう簡単には逃れられない。だからこそ、別の視界や思考回路が必要だ。困難を分かったうえで「超高齢社会論」のエイジズム（年齢差別）を乗り越えていかなくては……そう思って、本書に取り組んできた。

でも「現実」を意識すればするほど、ますます負のスパイラルに巻き込まれてしまう。いつのまにか危機感が反転してエイジズムになってしまう。だから、未来を見ているようで見ていないのではないか。

人間を年齢や性別や外見で判断し、区別していくことは、現代では逆機能が大きい。エイジズムの被害を受けるのは高齢者だけではない。若者もふくめた社会全体なのだ。そう考える理由もある。

私は大学の一年生に向けた「社会学入門」という授業を行っている。様々な学部の学生たちが集まるこの授業では、毎年、「銀河鉄道の夜」と「千と千尋の神隠し」の話から講義を始める。そして学期の最後は「風の谷のナウシカ」と「銀河鉄道の夜」の話で締めくくる。これらの物語は、若い人たちが直面しているグローバル化の時代の困難な現実と、そこから脱出するために何が必要なのかを、物語のかたちで、私たちに教えてくれるからだ。

海外に留学する学生が減っている。大学院に進学する学生も（とくに文系や社会科学系では）激減している。おかげで大学院になると日本人はおらず留学生ばかりということも珍しくない。このことを社会学者の小熊英二は「世界は高学歴化しているのに、日本だけは低学歴化している」と述べている。映画「シン・ゴジラ」の中のセリフのように「夢ではなく現実をみて考えろ」というわけだ。社会全体が、将来不安で萎縮している。もちろん高学歴化することが良いとばかりも言えないだろう。でも、若いうちから、超高齢社会とか人口減少社会、格差社会といった悲観的な見方に染まってしまうことのマイナスは計り知れない。

しかしこの日本は、戦後の混乱期、石油ショックなど——何度も悲観的な現実を突破してきたではないか。後ろ向きの「改革」ではなく、前向きの「乗り越え」で。

「銀河鉄道の夜」は昭和のはじめの不安な時代を反映している。ジョバンニは、この世界のマイナスのカードをすべて持たされてしまったような状況にいる。「千と千尋の神隠し」では、ふらふらと入ってしまった恐ろしい世界で無力な少女が翻弄される。ところが物語の後半、ジョバンニも千尋も、見事な飛翔と乗り越えを成し遂げるではないか。

もちろんこれは童話や映画の世界の出来事だ。でも、時に「現実」以上に未来へ向けた「解」を示してくれるのではないか。——「銀河鉄道」や「水中鉄道」という脱出口、それを必要としているのは、ジョバンニや千尋だけではない。「銀河鉄道の夜」に導かれて超高齢社会を乗り越える道を見つけたい、そう考えた理由だ。

ここまでたどり着くのは、私にとっては長い道のりだった。本書の執筆にあたっては、九州・福岡から重要な出版の発信をつづけている弦書房・小野静男さんの励ましと助言に助けられました。ありがとうございました。
また本書は、JSPS 科研費（JP17H02592）の助成を受けたものです。記して感謝します。

二〇二〇年一月　寒さのなかに初春のきざしが見える福岡にて

安立清史

Salamon, L. M.; Sokolowski, S. W. and Associates（eds.）,1999, *Global Civil Society: Dimensions of the Nonprofit Sector,*Johns IIopkins University Press.
Sandel, M. J. ,2009, *"JUSTICE -What's the Right Things to Do"*（鬼澤忍訳,2011,『これからの「正義」の話をしよう――いまを生き延びるための哲学』早川書房）
――― 2012, *"What Money Can't Buy-The Moral Limits of Markets"*（鬼澤忍訳, 2014,『それをお金で買いますか――市場主義の限界』早川書房）
田中尚輝・安立清史, 2000,『高齢者 NPO が社会を変える』岩波書店 .
田中尚輝・浅川澄一・安立清史, 2003,『介護系 NPO の最前線－全国トップ 16 の実像』ミネルヴァ書房 .
豊田謙二・黒木邦弘, 2009,『「宅老所よりあい」解体新書』雲母書房 .
Weber,M., 1905, *Die protestantische Ethik und der 'Geist' des Kapitalismus*（大塚久雄訳 , 1998,『プロテスタンティズムの倫理と資本主義の精神』岩波書店 .）
山崎史郎, 2017,『人口減少と社会保障』中央公論新社 .

——— 2011,『看取りケアの作法——宅老所よりあいの仕事』雲母書房 .
仁平典宏, 2011,『「ボランティア」の誕生と終焉 ——〈贈与のパラドックス〉の知識社会学』名古屋大学出版会 .
——— 2019,「社会保障—ネオリベラル化と普遍化のはざまで」(小熊英二編 2019『平成史〈完全版〉』pp.287-387).
小川全夫・安立清史, 2019,「自然災害と高齢者介護の課題——社会資源としての介護施設」『共生社会学』Vol.9 pp.139-151 .
小熊英二編著, 2019,『平成史〈完全版〉』河出書房新社.
小熊英二・赤坂憲雄編著, 2015,『ゴーストタウンから死者は出ない——東北復興の経路依存』人文書院 .
大澤真幸, 2011,『社会は絶えず夢を見ている』朝日出版社 .
岡本仁宏編著, 2015,『市民社会セクターの可能性— 110 年ぶりの大改革の成果と課題』関西学院大学出版会.
大熊由紀子, 1990『「寝たきり老人」のいる国いない国—真の豊かさへの挑戦』ぶどう社 .
——— 2010,『物語介護保険(上)(下)』岩波書店 .
大森彌, 2018,『老いを拓く社会システム——介護保険の歩みと自治行政』第一法規出版 .
小竹雅子, 2018,『総介護社会——介護保険から問い直す』岩波書店.
Palmore, E.B., 1990, *Ageism: Negative and Positive*(奥山正司 / 秋葉聡 / 片多順 / 松村直道訳 ,1995,『エイジズム—優遇と偏見・差別』法政大学出版局 .)
Piketty, T., 2013, *Le Capital au XXIe Siècle*(山形浩生・守岡桜・森本正史訳, 2014,『21 世紀の資本』みすず書房 .)
Powell, W. and Steinberg, R. (eds), 2006, *The Nonprofit Sector: A Research Handbook, Second Edition,* Yale University Press.
Putnum R.D. , Campbell D.E. ,2010, *American Grace,* (柴内康文訳 ,2019,『アメリカの恩寵』柏書房.)
Salamon, L. M, 1992, *America's Nonprofit Sector: A Primer,* Foundation Center. (入山映訳 , 1994,『米国の「非営利セクター」入門』ダイヤモンド社 .)
——— 1995, *Partners in Public Service: Government-Nonprofit Relations in the Modern Welfare State.* (江上哲監訳 , 2007,『NPO と公共サービス——政府と民間のパートナーシップ』ミネルヴァ書房 .)
——— 2014, *New Frontiers of Philanthropy: A Guide to the New Tools and New Actors That Are Reshaping Global Philanthropy and Social Investing.* (小林立明訳 , 2016,『フィランソロピーのニューフロンティア—社会的インパクト投資の新たな手法と課題』ミネルヴァ書房 .)

の対応と課題――福岡県老人福祉施設協議会派遣の支援職員アンケート調査の結果から――」『共生社会学』Vol.8, 77-85.
安立清史・黒木邦弘・高嵜浩平, 2019,「熊本地震における高齢者介護福祉施設への外部からの支援の実態と課題」『共生社会学』Vol.9 pp.125-137.
Anheier, H.K., 2014, *Nonprofit Organizations: Theory, Management, Policy, 2nd Edition*, Routledge.
出口正之, 2015,「公益法人制度の昭和改革と平成改革における組織転換の研究」『非営利法人研究学会誌』vol. 17, pp.49-60.
Drucker, P.F., 1990, *Managing Nonprofit Organization*（上田惇生訳, 2007,『非営利組織の経営』ダイヤモンド社).
Esping-Andersen, G., 1990, *The Three Worlds of Welfare Capitalism,* Polity Press（岡沢憲芙・宮本太郎監訳 , 2010,『福祉資本主義の三つの世界――比較福祉国家の理論と動態』ミネルヴァ書房 .）
Gilbert, N., 1985, *Capitalism and the Welfare State: Dilemmas of Social Benevolence,* Yale University Press.
Kramer, R.M., 1981, *Voluntary Agencies in the Welfare State,* University of California Press.
中西正司・上野千鶴子, 2003,『当事者主権』岩波書店.
福岡賢正, 2015,『いのち寿ぐために――「たすけあい佐賀」の宅老所から』南方新社 .
Hall, P,D, 2006, "A Historical Overview of Philanthropy, Voluntary Associations, and Nonprofit Organizations in the United States,1600-2000", Powell, W., & Steinberg, R., 2006, *The Nonprofit Sector: A Research Handbook,* Yale University Press,pp.32-65.
浜崎裕子, 2008,『コミュニティケアの開拓――宅老所よりあいとNPO笑顔の実践に学ぶ』雲母書房 .
井上英晴・賀戸一郎, 1997,『宅老所「よりあい」の挑戦――住みなれた街のもうひとつの家』ミネルヴァ書房 .
介護保険制度史研究会編著, 2016,『介護保険制度史』社会保険研究所 .
金子勝・大澤真幸, 2002,『共同取材 見たくない思想的現実を見る』岩波書店 .
鹿子裕文, 2015,『へろへろ――雑誌『ヨレヨレ』と「宅老所よりあい」の人々』ナナロク社 .
香取照幸, 2017,『教養としての社会保障』東洋経済新報社 .
村瀬孝生, 2001,『おしっこの放物線――老いと折り合う居場所づくり』雲母書房 .
――― 2007,『おばあちゃんが、ぼけた』理論社 .
――― 2010,『あきらめる勇気――老いと死に沿う介護』雲母書房 .

参考文献

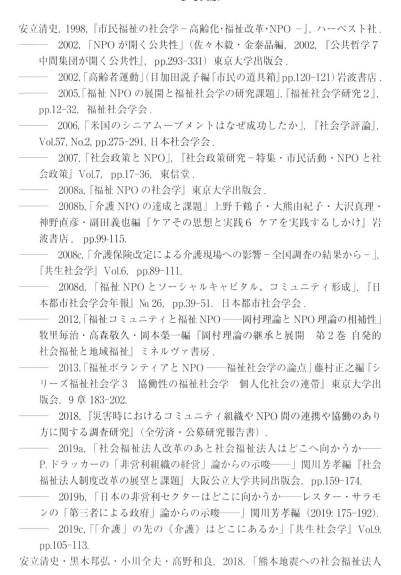

安立清史, 1998,『市民福祉の社会学－高齢化･福祉改革･NPO －』, ハーベスト社.
――― 2002,「NPO が開く公共性」(佐々木毅・金泰昌編, 2002,『公共哲学 7 中間集団が開く公共性』, pp.293-331) 東京大学出版会.
――― 2002,「高齢者運動」(目加田説子編『市民の道具箱』pp.120-121) 岩波書店.
――― 2005,「福祉 NPO の展開と福祉社会学の研究課題」,『福祉社会学研究 2』, pp.12-32, 福祉社会学会.
――― 2006,「米国のシニアムーブメントはなぜ成功したか」,『社会学評論』, Vol.57, No.2, pp.275-291, 日本社会学会.
――― 2007,「社会政策と NPO」,『社会政策研究－特集・市民活動・NPO と社会政策』Vol.7, pp.17-36, 東信堂.
――― 2008a,『福祉 NPO の社会学』東京大学出版会.
――― 2008b,「介護 NPO の達成と課題」上野千鶴子・大熊由紀子・大沢真理・神野直彦・副田義也編『ケアその思想と実践 6 ケアを実践するしかけ』岩波書店, pp.99-115.
――― 2008c,「介護保険改定による介護現場への影響－全国調査の結果から－」,『共生社会学』Vol.6, pp.89-111.
――― 2008d,「福祉 NPO とソーシャルキャピタル、コミュニティ形成」,『日本都市社会学会年報』No.26, pp.39-51. 日本都市社会学会.
――― 2012,「福祉コミュニティと福祉 NPO――岡村理論と NPO 理論の相補性」牧里毎治・高森敬久・岡本榮一編『岡村理論の継承と展開　第 2 巻 自発的社会福祉と地域福祉』ミネルヴァ書房.
――― 2013,「福祉ボランティアと NPO ――福祉社会学の論点」藤村正之編『シリーズ福祉社会学 3　協働性の福祉社会学　個人化社会の連帯』東京大学出版会, 9 章 183-202.
――― 2018,『災害時におけるコミュニティ組織や NPO 間の連携や協働のあり方に関する調査研究』(全労済・公募研究報告書).
――― 2019a,「社会福祉法人改革のあと社会福祉法人はどこへ向かうか――P. ドラッカーの「非営利組織の経営」論からの示唆――」関川芳孝編『社会福祉法人制度改革の展望と課題』大阪公立大学共同出版会, pp.159-174.
――― 2019b,「日本の非営利セクターはどこに向かうか――レスター・サラモンの「第三者による政府」論からの示唆――」関川芳孝編 (2019: 175-192).
――― 2019c,「「介護」の先の《介護》はどこにあるか」『共生社会学』Vol.9, pp.105-113.
安立清史・黒木邦弘・小川全夫・高野和良, 2018,「熊本地震への社会福祉法人

［著者略歴］

安立清史（あだち・きよし）

一九五七年、群馬県生まれ
九州大学・大学院人間環境学研究院・共生社会学講座・教授
専門は、福祉社会学、ボランティア・NPO論
著書に、『福祉NPOの社会学』（東京大学出版会、二〇〇八）、『介護系NPOの最前線―全国トップ16の実像』（共著、ミネルヴァ書房、二〇〇三）、『ニューエイジング：日米の挑戦と課題』（共著、九州大学出版会、二〇〇一）、『高齢者NPOが社会を変える』（共著、岩波書店、二〇〇〇）、『市民福祉の社会学―高齢化・福祉改革・NPO』（ハーベスト社、一九九八）など。

超高齢社会の乗り越え方
――日本の介護福祉は成功か失敗か

二〇二〇年 三 月二〇日発行

著　者　安立清史
発行者　小野静男
発行所　株式会社　弦書房
（〒810・0041）
福岡市中央区大名二―二―四三
ELK大名ビル三〇一
電　話　〇九二・七二六・九八八五
FAX　〇九二・七二六・九八八六

印刷・製本　アロー印刷株式会社

落丁・乱丁の本はお取り替えします

ISBN978-4-86329-202-4　C0036

◆弦書房の本

未踏の野を過ぎて

渡辺京二 現代とはなぜこんなにも棲みにくいのか。近現代がかかえる歪みを鋭く分析、変貌する世相の本質をつかみ生き方の支柱を示す。東日本大震災にふれた「無常こそわが友」、「老いとは自分になれることだ」他30編。〈四六判・232頁〉【2刷】2000円

メタファー思考は科学の母

大嶋仁 「科学」と「文学」の対立を越えて――言語習得以前の思考＝メタファー（隠喩）思考なくして論理も科学も発達しない。メタファー思考と科学的思考をつなぐ〈文学的思考〉の重要性を歴史家や心理学者の視点から多角的に説く。〈四六判・232頁〉1900円

熊本地震2016の記憶

岩岡中正・高峰武［編］ 二度の震度7と四〇〇〇回超の余震。衝撃と被害を整理し、その体験と想いを収録。渡辺京二氏ほか古書店主、新聞記者、俳人、漁師、歴史家各々が〈その時〉を刻む。復興への希望は記録と記憶の中にある。〈A5判・168頁〉【2刷】1800円

やおいかん 熊本地震　復興への道標

岩永芳人 地震は突然襲ってくる――熊本の今は、私たちの明日かもしれない。地震直後、余震、復興への苦難の道のりを、障害者、農家、神社と村、仮設団地、病院、消防、熊本城、旅館など様々な人々の声を伝える渾身のレポート。〈四六判・240頁〉1800円

死民と日常　私の水俣病闘争

渡辺京二 昭和44年、いかなる支援も受けられず孤立した患者家族らと立ち上がり、〈闘争〉を支援することに徹した著者による初の闘争論集。患者たちはチッソに対して何を求めたのか。市民運動とは一線を画した〈闘争〉の本質を改めて語る。〈四六判・288頁〉2300円

＊表示価格は税別

◆弦書房の本

【第21回地方出版文化功労賞】

壁のない風景　ハンセン病を生きる

井上佳子　「らい予防法」廃止によってハンセン病療養所・菊池恵楓園（熊本県）と社会を隔てていた厚い壁は壊されたが、入所者宿泊拒否事件をきっかけに園には差別と偏見の嵐が押し寄せる。10年の密着取材による渾身のドキュメント。〈四六判・232頁〉１８００円

8のテーマで読む水俣病

高峰武　今も水俣病と向き合って生きている人たちの声に学ぶ、これから知りたい人のための入門書。学びの手がかりを「8のテーマ」で語り、最新情報も収録した一冊。近代史を理解するうえでこの問題は避けては通れない。〈A5判・236頁〉２０００円

◉FUKUOKA *u* ブックレット❸

考える人・鶴見俊輔

黒川創／加藤典洋　「狂気を沈めたリベラル」鶴見俊輔の仕事を読み解く。いつだって鶴見俊輔はあたらしい。時代の転換点にいつも彼は呼び出されてきた。作家・黒川創と文芸評論家・加藤典洋が、戦後思想の巨人を縦横に語る。〈A5判・96頁〉【2刷】７８０円

◉FUKUOKA *u* ブックレット❹

未来との連帯は可能である。しかし、どのような意味で？

大澤真幸　三・一一後の現代社会をどう生きるか、について、思想や哲学、歴史、文学、はたまたサブカルチャーなどさまざまなフィルタを用いて語る渾身のライブ。現代に生きるわれわれと過去、未来との「連帯」をスリリングに解き明かす。〈A5判・72頁〉７００円

◉FUKUOKA *u* ブックレット❺

映画、希望のイマージュ
香港とフランスの挑戦

野崎歓　映画は国家がかかえる問題、時代や社会を写し出す、としてその背景に迫りながら作品について語る。また近年復活を見せるフランス映画。そこに勃興するアジア映画との密接な連動を見出す。〈A5判・72頁〉７００円

＊表示価格は税別